Caro lettore,

il libro che hai tra le mani non è come tutti gli altri. È stato infatti prodotto attraverso un sistema di *print on demand*. Ciò significa che la tua copia è stata confezionata appositamente per te, in seguito al tuo ordine. Non è una copia stampata tra mille altre e lasciata lì in attesa che qualcuno l'acquistasse; è *tua*. Ti chiediamo dunque scusa se per averla hai dovuto sopportare qualche piccolo disagio, se hai dovuto affrontare spese di spedizione o tempi di attesa più lunghi del previsto; in compenso, questo sistema di stampa e distribuzione ti ha permesso di poter acquistare un libro – il tuo libro – che altri editori, legati ai sistemi tradizionali, avrebbero considerato inutile ristampare. Noi, al contrario, così facendo ti offriamo la possibilità di leggerlo.

Nel salutarti ti ringraziamo di avere scelto le Edizioni Trabant e ci auguriamo di rivederti sulle pagine di un altro volume.

Buona lettura.

le Edizioni Trabant

# ARTI COLO 25

13

Isbn 978-88-96576-88-5

Edizioni Trabant – Brindisi
Prima edizione: 2018
Seconda edizione: 2021
www.edizionitrabant.it
redazione@edizionitrabant.it

ADOLPHE THIERS

# STORIA DELLA RIVOLUZIONE FRANCESE

TOMO I

Edizioni
Trabant

# Notizie Biografiche

## 1797 – 1821

Marie Joseph Louis AdolpheThiers nasce a Marsiglia il 15 aprile 1797. Il padre è Louis-Charles Thiers, un avvocato originario di Aix-en-Provence, vedovo da poche settimane. La madre, Marie-Madeleine Amic, è una sua amante, che Louis-Charles sposa il 13 maggio seguente, legittimando il figlio appena nato. Tuttavia, pochi giorni dopo Louis-Charles lascia moglie e figlio e scompare senza lasciare un recapito. Nonostante le ristrettezze economiche, AdolpheThiers riesce, con l'aiuto di alcuni parenti, a intraprendere gli studi, dapprima diplomandosi al liceo di Marsiglia e in seguito conseguendo la laurea in legge a Aix-en-Provence. Dal 1818 al 1821 esercita la professione di avvocato; tuttavia, insoddisfatto, decide di trasferirsi a Parigi per diventare uno scrittore.

## 1821 – 1830

Arrivato a Parigi a 24 anni, Thiers in pochi mesi riesce a impiegarsi come giornalista per *Le Constitutionnel* di Charles-Guillame Étienne, uno dei principali giornali dell'opposizione alla restaurata monarchia. In breve Thiers diventa uno dei giornalisti più letti in città. Ciò gli consente di essere introdotto nei salotti degli oppositori dei Borboni e frequentare diverse personalità dell'epoca; il più importante è il principe di Talleyrand, che diverrà il suo vero e proprio mentore politico.

Tra il 1823 e il 1827 pubblica i dieci volumi della *Storia della Rivoluzione Francese*. L'opera è un grande successo, sia dal punto di vista commerciale – fruttando all'autore guadagni considerevoli per l'epoca – sia soprattutto dal punto di vista politico – fornendo appoggio morale agli oppositori del trono.

## 1830

A partire dal 1829 Thiers intensifica i suoi attacchi sulla stampa alla monarchia di Carlo X, reclamando l'adozione di una costituzione parlamentare sul modello inglese. Interrotta la collaborazione con *Le Constitutionnel* a causa della veemenza dei suoi articoli, nel 1830 è tra i co-fondatori di un nuovo giornale di opposizione, *Le National*. La pubblicazione entra presto nel mirino della magistratura con l'accusa di oltraggio al Re e alla famiglia reale.

Nelle convulse giornate della "Rivoluzione di luglio", Thiers è tra i protagonisti. Dopo che le elezioni del 27 Luglio hanno decretato la vittoria dell'opposizione, chiede a più riprese l'abdicazione di re Carlo X. Come conseguenza, il giornale è chiuso con la forza e Thiers deve fuggire per evitare l'arresto. In seguito, quando il re è costretto all'esilio, ha un ruolo attivo nel convincere il cugino Luigi Filippo d'Orleans ad accettare il trono come Re costituzionale.

## 1830 – 1836

Instaurato il nuovo regime, Thiers intraprende la carriera politica. Nel 1832 viene eletto alla Camera dei Deputati, dove si segnala per le posizioni estremamente riformatrici. Parallelamente riceve i primi incarichi di governo, che culminano nel 1833 con il Ministero dell'Interno, rinnovato successivamente nel biennio 1834-36. In questa veste, fa scalpore il suo ruolo attivo nella repressione dei moti popolari dell'aprile 1834 (il cosiddetto "Massacro di Rue Transnonain"). Nello stesso periodo cresce la sua fama di letterato, dovuta principalmente all'opera sulla Rivoluzione Francese e culminata con la nomina a membro dell'Accademia Francese.

## 1836 – 1848

Nel 1836 ottiene per la prima volta l'incarico di Primo Ministro. L'esperienza di governo dura meno di un anno: dopo un rapporto sempre più complicato con Luigi Filippo, in agosto Thiers rassegna le dimissioni in seguito a disaccordo sul Re su un'ipotesi di riforma della politica diplomatica. Riprende la presidenza del Consiglio nel 1840, ma ancora una volta abbandona dopo pochi mesi per contrasti con il Re a proposito della politica estera. Tornato all'opposizione e ormai deterioratosi il rapporto con Luigi Filippo, dedica gli anni successivi alla scrittura, pubblicando nel 1840 il primo volume della *Storia del Consolato e dell'Impero*.

## 1848 – 1870

Allo scoppio della rivoluzione di febbraio, Thiers si schiera con gli oppositori di Luigi Filippo. Nel corso del tempo ha maturato convinzioni repubblicane, vede dunque con favore l'instaurazione della Seconda Repubblica e appoggia l'elezione a presidente di Luigi Napoleone. Tuttavia, quando quest'ultimo nel 1851 prende il potere assoluto con un colpo di stato, fa opposizione ed è costretto all'esilio. Ritornato in patria nel 1852, si terrà lontano dalla politica fino agli

'60 del secolo, quando il Secondo Impero di Napoleone III farà delle parziali concessioni in senso liberale. In questo periodo completa la *Storia del Consolato e dell'Impero*, il cui ultimo volume esce nel 1862.

## 1870 – 1877

Thiers è tra i deputati contrari alla guerra contro la Prussia. Dopo la disfatta di Sedan e la caduta di Napoleone III, è chiamato a guidare il governo provvisorio, con il gravoso compito di trattare la resa con i Prussiani. Ciò porta nel 1871 al Trattato di Francoforte, con il quale la Francia accetta dure condizioni territoriali ed economiche. L'impopolarità derivatagli è tra le cause della rivoluzione del maggio 1871, che instaura la cosiddetta Comune di Parigi e che Thiers contribuisce a reprimere con la forza.

Nell'agosto 1871, instaurata la Terza Repubblica, viene eletto Presidente e traghetta il Paese nel difficile periodo post-bellico, riuscendo a portare avanti diverse riforme e a ripianare il debito di guerra. Tuttavia, nel 1873 è costretto alle dimissioni. Sarà il suo ultimo incarico di tipo esecutivo: Thiers continua a sedere alla Camera fino alla morte, nel 1877. Al funerale riceve gli onori militari e assistono circa un milione di persone.

# STORIA DELLA
# RIVOLUZIONE FRANCESE

DI

## A. THIERS

## PRIMA TRADUZIONE ITALIANA

DALL'EDIZIONE DI PARIGI DEL 1834

DI

## ERMENEGILDO POTENTI

TOMO I

NOTA

Il presente testo si rifà alla prima edizione, stampata nel 1835 a Firenze a spese del traduttore. Nel riprodurlo, si è deciso di restare quanto più possibile fedeli alla sua forma originaria, rispettando per esempio l'accentazione dell'epoca (perchè, nè etc.) e intervenendo unicamente in quei casi in cui abbiamo ritenuto di individuare un errore o un'imprecisione del compositore. Si è deciso inoltre di lasciare inalterata la traduzione in italiano di alcuni nomi o toponimi stranieri (Vasintona = Washington, Cronvello = Cronwell, Nostra Donna = Notre Dame etc.). Per quanto riguarda, invece, i riferimenti incrociati contenuti nell'appendice, si è preferito adeguare il numero di pagina a quello effettivo di questa edizione.

Mi propongo di scriver la storia d'una rivoluzione memorabile, che ha fieramente agitato gli uomini, ed ancora li divide. Conosco le difficoltà dell'impresa; perchè le passioni che sembravano estinte sotto il potere del dispotismo militare, si sono riaccese. Ad un tratto uomini aggravati dagli anni e dalle fatiche, hanno sentito riardere in seno gli sdegni sopiti, trasfondendoli a noi, loro figli, in retaggio. Ma se noi abbiamo la medesima causa a sostenere non abbiamo a difenderne la condotta; e possiamo distinguere la libertà da coloro che bene o male l'hanno servita: mentre godiamo il vantaggio d'avere udito ed osservato i vecchi che, pieni ancora delle loro rimembranze, agitati dalle loro affezioni, ci rivelano lo spirito e l'umor delle parti, e ci aiutano a comprenderle. Forse il momento in cui gli attori spariscono, è il più acconcio a scrivere storia; si può raccoglier la loro testimonianza, senza dividerne tutte le passioni.

Comunque sia, ho cercato di far tacere in me ogni sentimento d'odio. Mi sono imaginato a vicenda che, nato sotto un tugurio, mosso da una giusta ambizione, io volessi acquistare quello che l'orgoglio degli alti ceti m'avesse ingiustamente negato; oppure allevato ne' palagi, erede di privilegi antichi, mi fosse incresciuto di renunziare un possesso che riputava legittima proprietà. D'allora in poi non ho potuto sdegnarmi; ho pianto i combattenti, e mi son consolato adorando l'anime generose.

# CAPITOLO PRIMO

Stato morale e politico della Francia alla fine del secolo decimottavo. – Successione al soglio di Luigi XVI. – Maurepas, Turgot e Necker, ministri. – Calonne. – Assemblea de' Notabili. – De Brienne, ministro. – Opposizione del parlamento, esilio e richiamo. – Esilio del duca d'Orléans. – Arresto del consigliere d'Espréménil. – Richiamo di Necker, che succede a de Brienne. – Seconda assemblea de' Notabili. – Discussioni intorno agli stati generali. – Formazione dell'assemblee popolari. – Cause della rivoluzione. – Prime elezioni de' deputati agli Stati generali. – Incendio della casa Réveillon. – Il duca d'Orléans; suo carattere.

Son note le rivoluzioni della monarchia francese. Fra i Galli mezzo selvaggi, i Greci, poi i Romani portarono l'armi e la civiltà. Dopo di loro, i Barbari vi stabilirono la gerarchia militare; la quale passando dalle persone alle terre, vi si fece come immobile, formando il sistema feudale. L'autorità si divise tra il capo feudale chiamato re, ed i capi secondari chiamati vassalli; i quali pure erano re de' loro soggetti. A' tempi nostri, che il bisogno comun d'accusarsi ha fatto ritrovare i torti di tutti, è stato detto abbastanza, che l'autorità fu prima contesa da' vassalli, come fan sempre coloro che le stan più dappresso; poi divisa tra loro, e formò l'anarchia feudale; alfine ritornò al soglio, ove concentrossi in dispotismo sotto Luigi XI, Richelieu e Luigi XIV. La popolazione francese erasi affrancata successivamente col lavoro, prima fonte di ricchezze e di libertà. Coltivatrice da prima, poi trafficante e manifattrice, acquistò tanta importanza da formare tutta intera la nazione. Introdotta negli Stati generali da supplichevole, non vi parve che in ginocchio, per esservi taglieggiata *senza pietà o misericor-*

*dia*. Luigi XIV presto annunziò di non voler più di tali pur sì miti assemblee, e dichiarollo a' parlamenti in stivali, e col frustino in mano. D'allora in poi si vide alla testa dello stato un re, munito d'un potere in teoria mal definito, ed in pratica assoluto; grandi, che abbandonate le dignità feudali pel favor del monarca, litigavano coll'intrigo quanto buttavasi loro delle sostanze de' popoli; sotto, una popolazione immensa, senz'altra relazione con quell'aristocrazia reale, che abitudine di sommissione, e pagamento d'imposizioni. Fra la carte e il popolo stavano i parlamenti, muniti del potere d'amministrar la giustizia, e di registrare le volontà reali. L'autorità è sempre contesa; quando non è ne' consessi legittimi della nazione, è nel palagio stesso del principe. È noto, che rifiutando il registro, i parlamenti sospendevan l'effetto de' reali voleri; ciò che finiva con un *letto di giustizia*[1] e con transigere, se il re era debole, con una sommissione piena, se il re era forte. Luigi XIV non ebbe neppure a transigere, perchè sotto il suo regno nissun parlamento osò fare rimostranze. Egli trasse la nazione al suo seguito; e questa lo gloriò dei prodigi, che faceva ella stessa nella guerra, nelle scienze e nell'arti. Sudditi e monarca furono unanimi, e mirarono al medesimo fine. Ma appena spirato Luigi XIV, il reggente offerse a' parlamenti occasione di vendicarsi di loro lunga nullezza. La volontà del monarca sì rispettata in vita, fu violata in morte, e il testamento cassato. L'autorità fu allora rimessa in litigio, e cominciò un lungo conflitto tra' parlamenti, il clero e la corte, in presenza d'una nazione esausta per lunghe guerre, e fatigata d'alimentare le prodigalità de' suoi principi, abbandonati a vicenda al gusto delle voluttà, o dell'armi. Essa fin allora non avea

---

[1] *Lit de justice*. Si diceva, quando il re tenendo solenne e pubblica adunanza in un parlamento, assiso sul trono in antico linguaggio sopra un *lit*, seggio coperto d'un baldacchino, date a esaminare le sue proposizioni, e raccolti gli avvisi, ordinava con decreto a suo senno la registrazione. T.

mostrato genio che per i servigi e per i piacer del monarca; mostronne d'allora in poi per proprio uso, e se ne servì per esaminare i propri interessi. Lo spirito umano passò velocemente da un oggetto all'altro. Dal teatro, dalla tribuna religiosa e funerea, l'ingegno francese volò alle scienze morali e politiche, ed allora tutto cangiossi. Considera per un secolo intiero gli usurpatori d'ogni diritto nazionale contendersi un'autorità cadente; i parlamenti perseguitare il clero; il clero perseguitare i parlamenti; questi contrastare all'autorità della corte; la corte, indifferente e tranquilla in sen della lotta, divorare le sostanze de' popoli in mezzo a' maggiori disordini: la nazione arricchita e riscossa, assistere a queste discordie, armarsi delle confessioni degli uni contro degli altri; priva d'ogni azione politica, dommatizzare con audacia e ignoranza, perchè ridotta alle teorie; aspirare soprattutto a ricuperare il suo grado in Europa, ed offrire invano l'oro ed il sangue, per riprendere il posto che la debolezza de' suoi principi le avea fatto perdere. Tale fu il secolo decimottavo.

Lo scandalo era giunto al colmo, quando Luigi XVI, principe equo, temperato di voglie, e negligentemente educato, ma volto al bene per naturale inclinazione, salì ancor giovine il soglio.[2] Chiamò presso di sè un vecchio cortigiano per dargli la cura del regno, e divise la sua confidenza tra Maurepas, e la regina, giovine principessa austriaca, vivace ed amabile, che esercitava su lui grandissimo impero. Maurepas e la regina non se la dicevano: il re, cedendo ora al ministro, ora alla sposa, cominciò di buon'ora la lunga serie delle sue incertezze. Non dissimulando lo stato del regno, credeva su questo punto a' filosofi; ma educato a' sensi più cristiani, aveva per quelli la massima repugnanza. La voce pubblica, che parlava altamente, gli mostrò Turgot, membro della società degli economisti, uomo semplice e virtuoso, dotato di caratte-

---

2 Nel 1774.

re fermo, d'ingegno tardo, ma ostinato e profondo. Persuaso della sua probità, allettato da' suoi progetti di riforma, Luigi XVI ha ripetuto più volte: "non c'è altri che io e Turgot, che siamo gli amici del popolo". Le riforme di Turgot fallirono per la resistenza dei primi ordini dello stato, interessati a conservare tutti i generi d'abusi che l'austero ministro voleva distruggere. Luigi XVI lo licenziò con dolore. Per tutta la sua vita, la quale non fu altro che un lungo martirio, ebbe sempre il rammarico di scorgere il bene, di volerlo sinceramente, e di mancare della forza necessaria per eseguirlo.

Il re, posto fra la corte, i parlamenti ed il pubblico, attorniato d'intrighi, e da istigazioni d'ogni maniera, mutò frequentemente ministri: cedendo di nuovo alla pubblica voce, ed al bisogno delle riforme, chiamò al governo del tesoro Necker,[3] ginevrino arricchito negli affari di banca, partigiano e discepolo di Colbert, come Turgot era di Sully; amministratore economico e probo, ma spirito vano, aveva la pretensione d'essere in tutte le cose moderatore, filosofia, religione, libertà; e lusingato dagli elogi degli amici e del pubblico, presumeva di condurre e di fermare le menti, al punto ove si fermava la sua.

Necker rimise ordine nella tesoreria, e trovò modi da bastare alle spese considerabili della guerra d'America. Ingegno men vasto, ma più flessibile di Turgot, possedendo in special guisa la fiducia de' capitalisti, trovò per un momento mezzi insperati, e fece rinascere la fiducia. Ma non bastando gli artifizii economici a cessare le angustie dell'erario, tentò la sorte delle riforme. I primi ordini non furono più favorevoli a lui, che a Turgot: i parlamenti, accorti de' suoi disegni, gli si voltarono contro, e lo costrinsero a ritirarsi.

Il sentimento degli abusi era universale; per tutto se ne parlava; il re lo sapeva, e ci pativa amaramente. I cortigiani, che godevano degli abusi, avrebbero desiderato vedere il fine degl'impedimenti economi-

---

[3] Nel 1777.

ci, purchè non costasse loro un sol sacrifizio. Dissertavano alla corte e vi spacciavano massime filosofiche; impietosivano, alle caccie, delle vessazioni esercitate sopra i lavoratori; fur visti perfino applaudire alla liberazione degli Americani, e ricevere con onoranze i giovani Francesi di ritorno dal Nuovo-Mondo.

Anche i parlamenti invocavano l'interesse del popolo, notavano sdegnosamente le sofferenze de' poveri, e intanto s'opponevano all'uguale ripartizione delle imposizioni, e all'abolizione degli avanzi della barbarie feudale. Tutti parlavano di ben pubblico, pochi lo volevano; e il popolo, non discernendo ancor bene i suoi veri amici, applaudiva a tutti coloro che resistevano all'autorità, sua nemica la più apparente.

Allontanando Turgot e Necker, non si mutava lo stato delle cose; la penuria del tesoro la stessa: si sarebbe preferito schivare ancor lungo tempo l'intervento della nazione; ma bisognava esistere, bisognava alimentare le prodigalità della corte. La difficoltà, allontanata un momento col congedo d'un ministro, col prendere un imprestito, o collo stabilimento forzato d'un'imposizione, risorgeva tosto più grande, come ogni mal trascurato. Esitavasi, come accade sempre, quando convien prendere un partito temuto, ma necessario. Un intrigo sollevò all'amministrazione de Calonne, uomo poco grato nell'opinione, per aver contribuito alla persecuzione di La Chalotais.[4] Calonne, spiritoso e vivace, fecondo di compensi, confidava nel proprio ingegno, nella fortuna e negli uomini, e abbandonavasi all'avvenire colla più mirabile indifferenza. Teneva opinione che non bisognava sgomentarsi avanti, nè scoprire il male, sino alla vigilia del giorno da rimediarvi. Co' suoi tratti fascinò la corte, l'allettò colla sollecitudine di tutto concedere, procurò al re ed agli altri alcun istante di conforto, e fece succedere ai più sinistri presagi un momento di prosperità e di cieca fidanza.

[4] Nel 1783.

Quell'avvenire sul quale si era contato appressavasi; bisognava prendere alfine partiti decisi. Non si poteva gravare il popolo di nuove imposizioni, e le casse intanto eran vuote. Non vi era che un modo di ripararvi; diminuire le spese, cessando le grazie; e non bastando questo rimedio, estendere le imposizioni sopra un numero più grande di contribuenti; cioè sulla nobiltà e sul clero. Questi progetti, tentati successivamente da Turgot e da Necker, e ripresi da Calonne, non sembrarono a questo capaci di riuscita, se non che ottenendo il consenso degli stessi privilegiati. Calonne dunque pensò di riunirli in un'assemblea, chiamata de' *Notabili*, per loro presentare i suoi disegni, e carpirne il consenso, per astuzia, o per persuasione.[5] L'assemblea fu composta di grandi, presi dalla nobiltà, dal clero, dalla magistratura, d'una turba di referendarii, e d'alcuni magistrati delle provincie. Per mezzo di tale composizione, e specialmente coll'ajuto de' gran signori popolari e filosofi, che avea avuto l'accortezza di farvi entrare, Calonne sperò di guadagnar tutto.

Il ministro, troppo fidente, s'era ingannato. La pubblica opinione non gli perdonava d'occupare il posto di Turgot e di Necker. Sperando particolarmente di costringere un ministro a render conto, l'opinione sostenne la resistenza dei notabili. Le dispute più vive s'accesero. Calonne ebbe il torto d'incolpare i suoi predecessori, e Necker in parte, della condizione del tesoro. Necker rispose, e fu esiliato; l'opposizione si fece più viva. Calonne affrontò tutto con prontezza di spirito e calma. Fece deporre de Miroménil ministro della giustizia, che se l'intendeva co' parlamenti. Ma il suo trionfo non durò più di due giorni. Il re, che l'amava, gli aveva promesso più di quello che non poteva, impegnandosi a sostenerlo. Fu scosso dalle rappresentanze de' notabili, i quali offerivano d'abbracciare i disegni di Calonne, a patto che se ne lasciasse l'esecuzione ad un ministro più

---

[5] Quest'assemblea s'aperse il 22 febbrajo 1787.

morale, e più degno di fiducia. La regina, a suggerimento dell'abate
di Vermont, propose al re e fe' lui accettare per nuovo ministro de
Brienne, arcivescovo di Tolosa, uno de' notabili che avessero più
potentemente contribuito alla perdita di Calonne, colla speranza di
succedergli.[6]

L'arcivescovo di Tolosa, ostinato di spirito, e debole di carattere,
agognava d'esser ministro fin dall'infanzia, e proseguiva con tutti i
mezzi questo oggetto de' suoi desiderii. Si fondava sul credito delle
donne, alle quali cercava e gli riusciva di piacere. Faceva vantare per
tutto la sua amministrazione di Linguadoca. Salendo al governo, s'ei
non ottenne il favore che avrebbe circondato Necker, ebbe agli occhi
del pubblico il merito di succedere a Calonne. Non fu fatto subito
primo ministro, ma presto il divenne. Secondato da de Lamoignon,
ministro della giustizia, nemico ostinato de parlamenti, cominciò il
suo corso con buona fortuna. I notabili, legati dalle loro promesse,
consentirono sollecitamente tutto quello che aveano da prima negato: imposizione territoriale, imposizione sul bollo, abolizione de'
lavori feudali,[7] assemblee provinciali, tutto fu concesso con ostenta-
zione. Non a questi provvedimenti, ma al loro autore, ostentavasi
avere resistito; l'opinione pubblica trionfava. Calonne era perseguito
dalle maledizioni; e i notabili, circondati dal pubblico suffragio, si
rammaricavan però d'un onore acquistato a prezzo di sì gran sacrifizi. Se de Brienne avesse saputo usar de' vantaggi della sua situazione;
se avesse spinto con calore l'esecuzion dei provvedimenti da' notabili
consentiti; se gli avesse tutti insieme, e senza indugio, al parlamento
presentati, nel momento in cui l'assenso de' primi ordini sembrava
necessario, la cosa era forse finita: il parlamento, pressato da tutte le
parti, avrebbe tutto, concesso; e questa transazione, benchè parziale e

---

[6] Aprile 1787.

[7] *Corvées*. T.

forzata, avrebbe verisimilmente ritardato per lungo tempo la lotta che presto s'accese. Non fu fatto nulla di simile. Con imprudenti ritardi, si diè tempo a pentirsi; gli editti furono presentati uno per volta; il parlamento ebbe agio di discutere, ardire, riaversi da quella specie di sorpresa fatta a' notabili. Registrò dopo lunghe discussioni l'editto per la seconda abolizione dei lavori feudali, ed un altro per la libera uscita de' grani. Il suo odio si converse principalmente contro il sussidio territoriale; ma temè con un rifiuto d'illuminare il pubblico, e lasciargli vedere che la sua opposizione era tutta interessata. Esitava ancora, quando fu levato d'impaccio, col venirgli presentato insieme l'editto del bollo, e quello del sussidio territoriale; e massime cominciando appunto la deliberazione da quello del bollo. Così il parlamento potè negare il primo, senza spiegarsi sul secondo; e combattendo l'imposizione del bollo, che interessava, la pluralità de' contribuenti, sembrò difendere gl'interessi pubblici. In una tornata ove assisterono i pari, denunziò gli abusi, gli scandali e le prodigalità della corte, e domandò gli stati delle spese. Un consigliere, afferrando il motto, esclamò: "Non ci vogliono degli stati, ma degli *Stati generali!* " Questa improvvisa domanda colpì tutti di meraviglia. Fino allora erasi resistito, perchè si soffriva; eransi secondati tutti i generi d'opposizione, favorevoli o no alla causa popolare, purché fossero volti contro la corte, alla quale si riferivano tutti i mali. Non si sapeva bene però quel che si dovesse desiderare: era stata sempre cosa tanto lontana l'influir sul governo, v'era tanta abitudine di fermarsi a' lamenti, che si lamentava senza concepire il pensiero d'agire, nè di fare una rivotazione. Pronunziata una sola parola, offerse uno scopo improvviso; tutti la ripeterono; gli stati generali furono domandati ad una voce.

D'Espréménil, giovine consigliere, oratore veemente, agitatore senza proposito, demagogo ne' parlamenti, aristocratico negli stati generali, che fu dichiarato demente per un decreto dell'assemblea

costituente, mostrossi in questa occasione uno de' più violenti decla-
matori parlamentari. Ma l'opposizione era guidata segretamente da
Duport, giovine ornato di vasta mente, di carattere fermo e perseve-
rante, il solo forse che in mezzo a queste discordie si proponesse un
avvenire, e volesse condurre i suoi colleghi, la corte e la nazione, a tut-
t'altro scopo che a quello d'una aristocrazia parlamentaria.
Il parlamento era diviso in consiglieri vecchi, e giovani. I primi
desideravano far contrappeso all'autorità reale, per dare dell'importanza al loro ordine; i secondi, più ardenti e più schietti, volevano
introdurre la libertà nello stato, senza però sconvolgere il sistema politico, nel quale eran nati. Il parlamento fece una confessione grave:
riconobbe di non avere la facoltà di consentire l'imposizioni; che agli
stati generali soltanto apparteneva il diritto di stabilirle; e domandò
al re comunicazione degli stati delle entrate e delle spese.
Questa confessione d'incompetenza, ed anche d'usurpazione, perchè fino allora il parlamento s'era arrogato il diritto di consentire le
imposizioni, fece stupire. Il prelato ministro, sdegnoso di quella
opposizione, chiamò subito il parlamento a Versailles, e fece registrare i due editti in un letto di giustizia.[8] Il parlamento, tornato a Parigi,
protestò, e ordinò delle procedure contro le prodigalità di Calonne.
Ad un tratto una decision del consiglio cassò i suoi decreti, e l'esilio a
Troyes.[9]
Tale era la condizione delle cose il 15 agosto 1787. I due fratelli del
re, Monsignore,[10] e il conte d'Artois, furono spediti, uno alla corte de'
conti, l'altro alla corte, de' sussidii, per farvi registrare gli editti. Il
primo, fattosi popolare per le opinioni che avea manifestato nell'assemblea de' notabili, fu accolto fra le acclamazioni d'immensa folla, e

---

[8] 6 Agosto.

[9] 15 agosto.

[10] Titolo del maggiore de' fratelli de' re di Francia. T.

accompagnato fino al Luxembourg in mezzo agli applausi generali. Il conte d'Artois, noto fautore di Calonne, fu accolto fra i sussuri, e le sue genti assalite: e fu d'uopo ricorrere alla forza armata.

I parlamenti erano attorniati d'una clientela numerosa di legisti, ministri di tribunale, scrivani, studenti, popolazione attiva, irrequieta, e sempre pronta ad agitarsi per la loro causa. A questi alleati naturali de' parlamenti si aggiungevano i capitalisti, per temore d'un fallimento; le classi illuminate, devote a tutti gli oppositori; ed infine la moltitudine che seguita sempre gli agitatori. Le turbolenze furon gravissime, e l'autorità durò gran pena a reprimerle.

Il parlamento, sedendo a Troyes, adunavasi tutti i giorni e chiamava le cause. Nè avvocati nè procuratori apparivano, e la giustizia era sospesa, come accadde tante volte nel corso del secolo. Quei magistrati per altro si nojavano dell'esilio, e a de Brienne mancava il danaro. Asseriva fermamente d'averne; e tranquillava la corte inquieta soltanto su questo punto; ma non n'aveva più; e incapace di troncare le difficoltà con una risoluzione animosa, teneva pratiche con alcuni membri del parlamento. Le sue condizioni erano una domanda, d'imprestito di 440 milioni diviso in quattro anni, allo spirar dei quali gli stati generali sarebbersi convocati. A tal patto Brienne rinunziava alle due imposizioni, soggetto di tanti clamori. Assicurato d'alcuni membri, credè esserlo del corpo intiero, e il 10 settembre il parlamento fu richiamato.

Un'adunanza reale fu tenuta il 20 del mese. Il re venne in persona a presentare l'editto contenente la dimanda dell'imprestito successivo, e la convocazione degli stati generali dentro cinque anni. Non era stata bene spiegata la natura di quell'adunanza, e non si sapeva se si trattasse d'un letto di giustizia. Gli aspetti eran tristi e regnava profondo silenzio, quando il duca d'Orléans alzatosi in sembiante agitato e con tutti i tratti d'una viva emozione, rivolse la parola al re domandandogli, se quell'adunanza fosse un letto di giustizia, o una libera deliberazione. "Rispose il re: È un'adunanza reale." I consiglieri Fréteau, Sabatier, d'Espréménil presero la parola dopo il duca d'Orléans, e declamarono coll'usata violenza. Il registro fu tosto forzato, i consiglieri Fréteau e Sabatier esiliati all'isole d'Hyères, e il duca d'Orléans a Villers-Cotterets. Gli stati generali differiti a cinque anni. Tali furono i principali avvenimenti dell'anno 1787. L'anno 1788 cominciò con nuove ostilità. Nel 4 gennajo il parlamento proferì un decretò contro l'uso degli ordini segreti del re,[11] e pel richiamo degli esiliati. Il re cassò il decreto; il parlamento lo confermò di bel nuovo. Intanto il duca d'Orléans, relegata a Villers-Cotterets, non poteva acquietarsi all'esilio. Questo principe, crucciatosi colla corte, s'era riconciliato coll'opinione che da prima non gli era favorevole. Scemo della dignità di principe e della fermezza di tribuno, non seppe tollerare una pena tanto leggera; e per ottenere il richiamo s'abbassò fino alle sollecitazioni, anche alla regina sua personale nemica.

Brienne si sdegnava cogli ostacoli senza aver il coraggio di vincerli. Debole in Europa contro la Prussia, alla quale sacrificava l'Olanda, debole in Francia contro i parlamenti e i grandi dello stato, non era più retto che dalla regina, e trovavasi inoltre impedito sovente ne' suoi lavori dalla poca salute. Non sapeva nè rintuzzare la sollevazione, nè fare eseguire le riforme decretate dal re; e malgrado l'esaurimento vicinissimo del tesoro, ostentava una sicurezza maravigliosa. Per altro, in mezzo a tante difficoltà, non trascurava di provvedersi di benefizi novelli e di attrarre sulla sua famiglia nuove dignità.

Il ministro della giustizia Lamoignon meno debole, ma pure meno potente dell'arcivescovo di Tolosa, rivolse con lui un nuovo disegno per abbattere il potere politico de' parlamenti; perchè era questo il fine principale del governo in quel momento. Importava di guardare il segreto. Tutto fu preparato in silenzio: lettere chiuse furono spedite

11 *Lettres de cachet.* T.

a' comandanti delle Provincie; la stamperia ove si preparavan gli editti fu cinta di guardie. Non volevasi che il progetto fosse conosciuto fino al momento della sua partecipazione a' parlamenti. L'epoca appressava, e la voce era spersa che un grand'atto politico si meditava. Il consigliere d'Espréménil giunse a sedurre a forza di danaro un operaio stampatore, e a procurarsi un esemplare degli editti. Si trasferì tosto a palazzo, fece adunare i colleghi e denunziò loro arditamente il progetto de' ministri.[12] Secondo questo progetto sei grandi baliaggi da stabilire nel territorio del parlamento di Parigi dovevano ristringere la sua troppo vasta giurisdizione. La facoltà di giudicare in ultima istanza, e di registrare le leggi e gli editti, era trasferita ad una corte plenaria composta di pari, prelati, magistrati, capi militari, tutti scelti dal re. Anche il capitan delle guardie v'aveva voce deliberativa. Questo sistema offendeva il potere giudiciario del parlamento, e distruggeva affatto il suo potere politico. Il parlamento, colto di stupore, non sapeva a qual partito appigliarsi. Non poteva deliberare sopra un progetto che non gli era stato comunicato, e bisognava frattanto non lasciarsi sorprendere. In mezzo a questo pericolo abbracciò un partito risoluto ed accorto, quello di richiamare con un decreto e consecrare tutto quello che diceva leggi costituenti della monarchia, dandosi pensiero di comprendere in quel numero la sua esistenza ed i suoi diritti. Con questo provvedimento generale non anticipava nulla su i progetti supposti del governo, e sanciva quello che voleva sancire.

Perlochè il 5 maggio fu dal parlamento di Parigi dichiarato:

Che la Francia era una monarchia governata dal re secondo le leggi e che molte di queste leggi erano fondamentali, ed abbracciavano e consecravano: 1.° il diritto di successione al trono nella casa regnante a li-

---

[12] Maggio.

nea mascolina per ordine di primogenitura; 2.° il diritto della nazione di concedere liberamente sussidii per mezzo degli stati generali convocati e composti regolarmente; 3.° le consuetudini, e le capitolazioni delle provincie; 4.° l'irremovibilità de' magistrati; 5.° il diritto de' parlamenti di verificare in ogni provincia i voleri reali, e di non ordinarne il registro se non in quanto fossero conformi alle leggi costituenti della provincia, come alle leggi fondamentali dello stato; 6.° il diritto d'ogni cittadino di non esser tradotto giammai in veruna guisa davanti altri giudici che i suoi giudici naturali, che son quelli che la legge destina; il diritto, senza del quale tutti gli altri sarebbero inutili, di non essere arrestato, per qualunque ordine si voglia, che per esser senza dilazione messo nelle mani de' giudici competenti. Protestando il parlamento contro ogni offesa che fosse fatta a' principii che sopra.

A questa ardita risoluzione il ministro rispose col modo usato, sempre male ed inutilmente adoprato: incrudelì contro alcuni membri del parlamento. D'Espréménil, e Goislart de Monsalbert, sapendo d'esser minacciati, refuggirono in seno del parlamento adunato. Un ufiziale, Vincenzo d'Agoult, vi si trasferì alla testa d'una compagnia di soldati, e non conoscendo i personaggi indicati, gli appellò per nome. Profondo silenzio serbossi in prima nell'assemblea, poi i consiglieri sclamarono che tutti erano d'Espréménil! In fine il vero d'Espréménil si nominò, e seguì l'ufiziale incaricato d'arrestarlo. Il tumulto allora giunse al colmo; il popolo accompagnò i magistrati coprendoli d'acclamazioni. Tre giorni appresso il re in un letto di giustizia fe' registrare gli editti; e i principi e i pari adunati offersero l'imagine di quella corte plenaria, che doveva succedere a' parlamenti.

La corte del Castelletto proferì subito un decreto contro gli editti. Il parlamento di Rennes dichiarò infami coloro che entrassero nella corte plenaria. A Grenoble gli abitanti difesero i loro magistrati contro due reggimenti; le truppe stesse, eccitate alla disobbedienza dalla nobiltà militare, ricusarono presto d'agire. Quando il comandante del Delfinato adunò i suoi colonnelli per sapere se potevasi contare su soldati, tutti guardaron silenzio. Il più giovine che dovea parlare il primo disse, che non bisognava contare su' suoi cominciando dal colonnello. A questa resistenza il ministro oppose de' decreti del gran consiglio, annullanti le decisioni de' tribunali supremi, e percosse d'esilio otto di quelli.

La corte, tormentata da primi ordini che le facevano guerra invocando l'interesse del popolo e provocando il suo intervento, ricorse anch'essa a questo rimedio; risolvè di chiamare il terzo stato in aiuto, come altre volte avevan fatto i re di Francia per distruggere la feudalità. Ella sollecitò allora in tutte le guise la convocazione degli stati generali. Prescrisse ricerche sul modo di riunirli; invitò gli scrittori e i corpi scienziati a porgere i loro avvisi; e mentre il clero adunato dichiarava anch'esso la convenienza di ravvicinar l'epoca della convocazione, la corte, accettando la gara, sospese ad un tempo la riunione della corte plenaria, e fissò l'apertura degli stati generali al primo maggio 1789. Allora fu la ritirata del arcivescovo di Tolosa;[13] il quale, con arditi disegni debolmente eseguiti, avea provocato una resistenza che era mestieri di non eccitare, o di vincere. Partendo, lasciò l'erario nella penuria, sospeso il pagamento delle rendite del comune, tutte le autorità in guerra, tutte le Provincie in armi. Quanto a sè, provvisto d'ottocentomila franchi di benefizi, dell'arcivescovato di Sens, e del cappello di cardinale, se non fece la pubblica fortuna, fece almeno la sua. Per ultimo consiglio confortò il re a richiamar Necker alla tesoreria, per giovarsi della sua popolarità contro resistenze fatte invincibili.

Negli anni 1787 e 1788 fecero passaggio i Francesi dalle vane teorie alla pratica. La lotta fra le prime autorità n'avea offerto loro desiderio ed occasione. Per tutto il corso del secolo il parlamento aveva

---

[13] 24 Agosto.

assalito il clero e svelato le sue inclinazioni oltramontane; dopo il clero, aveva assalito la corte, notato i suoi abusi d'autorità e denunciato i disordini. Minacciato di rappresaglie e toccato anch'esso nella sua esistenza, avea al fine restituito alla nazione le prerogative, che la corte volea togliere a lui per trasferirle in un tribunale straordinario. Dopo avere così avvertito la nazione de' suoi diritti, aveva usato le sue forze ad eccitare e proteggere la sollevazione. Dall'altra parte l'alto clero col far degli editti, e la nobiltà col fomentare la disobbedienza delle truppe, avevano riunito i loro sforzi a quelli della magistratura, e chiamato il popolo all'armi per la difesa de' loro privilegi.

La corte, pressata da questi diversi nemici, aveva debolmente resistito. Sentendo il bisogno d'agire e differendo sempre il momento, aveva distrutto talvolta qualche abuso, piuttosto a profitto del tesoro che del popolo, e quindi era ricaduta nell'inerzia. All'ultimo, assalita da tutte le parti, vedendo che i primi ordini chiamavano il popolo nella lizza, ve l'introdusse ella stessa convocando gli stati generali. Opposta per tutto il corso del secolo allo spirito filosofico, questa volta faceva ad esso un appello, e gli abbandonava in esame le costituzioni del regno. Così tutte le prime autorità dello stato diedero lo strano spettacolo d'ingiusti possessori che si litigano un oggetto in presenza del proprietario legittimo, e finiscono con invocarlo per giudice.

Le cose erano a questo punto quando Necker tornò al governo.[14] Ve lo seguì la fiducia, il credito riapparve ad un tratto, le difficoltà più urgenti furono allontanate. Provvide a forza di compensi alle spese indispensabili, aspettando gli stati generali come il rimedio invocato da tutti.

Si cominciavano ad agitare di gravi questioni riguardanti la natura

---

[14] Agosto.

della loro formazione. Si domandava qual sarebbe la parte del terzo stato; se vi dovesse apparire da uguale, o da supplichevole; se otterrebbe una rappresentanza uguale al numero di quella de' due primi ordini; se dovessero deliberare insieme per numero di capi, o per ordini separati; e se il terzo avrebbe una sola voce contro le due voci della nobiltà e del clero.

La prima questione agitata fu quella del numero de' deputati. Niuna controversia filosofica del secolo decimottavo aveva giammai eccitato simile agitazione. Infiammaronsi le menti per l'importanza tutta presente della questione. Uno scrittore, breve robusto ed amaro, prese in questa discussione il loco che i grand'ingegni del secolo avevano occupato nelle discussioni filosofiche. L'abate Sieyes in un libro che diede gran tratto allo spirito pubblico domandava: Che cosa è il terzo stato? E diceva: Niente. – Che cosa dev'essere? – Tutto.

Gli stati del Delfinato si riunirono malgrado la corte. I due primi ordini, più saggi e più popolari in questa provincia che altrove, decisero che la rappresentanza del terzo dovesse essere uguale a quella della nobiltà e del clero. Il parlamento di Parigi, già presentendo le conseguenze delle sue provocazioni imprudenti, s'accorse che il terzo stato non era per venire come ausiliare, ma come sovrano; però, registrando l'editto di convocazione, ingiunse per clausula espressa la conservazione delle forme del 1614, che annullavano affatto la parte del terzo ordine. Perduto già nell'amore del popolo per le difficoltà opposte all'editto che rendeva la vita civile a' protestanti, in questo giorno rimase pienamente svelato, e la corte intieramente vendicata. Esso fece il primo la prova della mobilità de' popolari favori; ma se la nazione potè più tardi sembrare ingrata verso i capi che uno dopo l'altro abbandonava, questa volta aveva tutta la ragione contro il parlamento, perchè questo arrestavasi prima che ella avesse ricuperato alcun diritto.

La corte, non osando decider da sè queste importanti questioni, o

piuttosto volendo perdere nell'opinione i due primi ordini a suo profitto, domandò il loro avviso con intenzione di non seguirlo, se fosse
contrario, come era probabile, al terzo stato. Convocò dunque una
nuova assemblea di Notabili,[15] nella quale tutte le questioni riguardanti la convocazione degli stati generali, furon discusse. La disputa
fu viva; da una parte si fean valere l'antiche tradizioni, dall'altra i
diritti naturali e la ragione. Rimettendosi anche alle tradizioni, la
causa del terzo stato avea sempre il vantaggio; perchè alle forme del
1614, invocate da primi ordini, s'opponevano altre forme più antiche. Così in alcune riunioni, e sopra alcuni punti era stato votato per
capi; alcuna volta fu deliberato per province e non per ordini; spesso
i deputati del terzo avevano uguagliato il numero de' deputati della
nobiltà e del clero. Come adunque rimettersi agli usi antichi? I poteri dello stato non erano stati in una continua rivoluzione? L'autorità
reale, sovrana in principio, poi vinta e spogliata, rialzatasi di nuovo
cogli aiuti del popolo, e riunendo in sè tutti i poteri, presentava una
lotta continua ed un possesso sempre mutabile. Al clero si diceva, tor-
nando ai tempi antichi, non essere più un ordine; a' nobili, i soli possessori de' feudi poter essere eletti, e la maggior parte di loro restare
esclusa così dalla deputazione; a' parlamenti pure non essere che officiali infedeli del re; a tutti finalmente, la costituzione francese non
esser altro che una lunga rivoluzione, per la quale ogni potere aver
successivamente dominato; tutto essere stato innovazione, e in questo
vasto conflitto la sola ragione dover decidere.

Il terzo stato comprendeva, quasi la totalità della nazione, tutte le
classi utili, industri ed illuminate; se egli non possedeva altro che una
parte delle terre, le lavorava però tutte; e, secondo la ragione, non era
troppo il dargli un numero di deputati uguale a quello degli altri due
ordini.

---

[15] S'aperse a Versailles il 6 novembre, e chiuse la sua sessione l'8 dicembre seguente.

L'assemblea de' notabili si dichiarò contro quello che si chiamava raddoppio del terzo. Un solo ufizio, quello che presiedeva Monsignore, votò a favor del raddoppio. La corte allora prendendo in considerazione, diceva, l'avviso della minorità, l'opinione espressa di molti principi del sangue, i voti de' tre ordini del Delfinato, la domanda dell'assemblee provinciali, l'esempio di molti paesi constati, *ravviso di diversi pubblicisti*, il voto espresso d'un gran numero di messaggi, ordinò, che il numero totale de' deputati fosse almeno di mille; fosse formato a ragione composta della popolazione e delle contribuzioni d'ogni baliaggio; e il numero particolare dei deputati del terzo stato fosse uguale a quello de' primi due ordini insieme. (*decreto del consiglio del 27 dicembre 1788.*)

Questa dichiarazione destò universale entusiasmo. Attribuita a Necker, accrebbe verso di lui il favore della nazione, e l'odio dei grandi. Per altro questa non decideva niente intorno alla votazione per capi, o per ordine, ma la comprendeva implicitamente, perchè era inutile aumentare le voci, se non si dovessero contare; e lasciava al terzo stato la cura di vincere a viva forza quello che nel momento gli si negava. Dava anche un'imagine della debolezza della corte, e di quella pure di Necker. Questa corte presentava una mescolanza di volontà, la quale rendeva impossibile ogni conclusione decisiva. Il re era moderato, equo, studioso, e troppo diffidava de' propri lumi; amando il popolo, volentieri accoglieva le sue doglianze era per altro compreso a volte da panici e superstiziosi terrori, e gli pareva di veder procedere insieme colla libertà e la tolleranza, l'anarchia e l'empietà. Lo spirito filosofico nel suo primo sorgere poteva aver commesso degli errori, e un re timido e religioso paventarne. Vinto ad ogni momento da debolezze, da terrori, da incertezze, lo sfortunato Luigi XVI risoluto per se stesso a tutti i sacrifizi, ma non sapendo imporli altrui, vittima della sua indulgenza per la corte, della condiscendenza per la regina, espiava tutti i falli che non aveva commesso, ma che divenivano suoi perchè li lasciava commettere. La regina, abbandonata a' piaceri, esercitando intorno a sè l'impero delle sue grazie, voleva che lo sposo fosse tranquillo, che il tesoro fosse pieno, che la corte e i sudditi l'adorassero. Ora d'accordo col re per operare delle riforme, quando il bisogno pareva urgente; ora al contrario quando credeva l'autorità minacciata, i suoi amici di corte spogliati, ella tratteneva il re, allontanava i ministri popolari, e distruggeva ogni argomento e ogni speranza di bene. Ella cedeva specialmente alla dominazione d'una parte della nobiltà che viveva, intorno al soglio e si pasceva di grazie e d'abusi. Questa nobiltà di corte desiderava senza dubbio, come la regina, che il re avesse onde fare delle prodigalità; e per questa ragione era nemica de' parlamenti, quando rifiutavano le imposizioni; ma diveniva loro alleata, quando difendevano i suoi privilegj rifiutando, sotto apparenti pretesti, la sovvenzione territoriale. In mezzo a queste contrarie influenze il re, non sapendo mirare in viso le difficoltà, giudicare gli abusi, distruggerli colla sua autorità) cedeva alternamente alla corte o all'opinione, e non sapeva sodisfare nè all'una nè all'altra.

Se nel corso del secolo decimottavo quando i filosofi, riuniti ne' viali delle Tuilleries, facevan de' voti per Federigo e per gli Americani, per Turgot e per Necker; se quando non aspiravano a governare lo stato, ma unicamente ad illuminare i principi, e al più, vedevan delle rivoluzioni lontane, che segni di scontento e l'assurdità delle istituzioni facevano abbastanza presumere; se a quell'epoca il re avesse spontaneamente stabilito una certa uguaglianza nelle gravezze, e dato alcune garanzie, tutto sarebbe stato quietato per lungo tempo e Luigi XVI adorato al pari di Marco Aurelio. Ma quando tutte le autorità furono avvilite per lungo conflitto, e tutti gli abusi svelati da un'assemblea di notabili; quando la nazione, chiamata nella querela, ebbe concetto la speranza e la volontà d'essere qualche cosa, imperiosamente il volle. Eransi promessi gli stati generali, ella domandò che il termine della convocazione si rappressasse; rappressato il termine, vi reclamò la preponderanza: se le rifiutò, ma doppiando la sua rappresentanza, le si diede il modo di conquistarla. Così adunque non fu ceduto mai che parzialmente, e solo quando non si potè più reggere contro di lei; ma allora le sue forze eran cresciute e sentite, ed ella volle tutto quanto credeva potere. Una continua resistenza irritando la sua ambizione, dovea renderla presto insaziabile. Ma anche allora, se un gran ministro comunicando un po' di forza al re, conciliandosi la regina, domando i privilegiati, avesse prevenuto ed appagato ad un tratto le pretensioni nazionali dando spontaneamente una costituzione libera; se avesse sodisfatto al bisogno d'agire che provava la nazione, chiamandola subito non a riformare lo stato, ma a discutere i suoi interessi annuali in uno stato già costituito, forse la lotta non sarebbesi accesa. Ma bisognava andare avanti alle difficoltà, invece di ceder loro, e specialmente bisognava immolare numerose pretensioni. Ci voleva un uomo d'una persuasione forte, d'una volontà uguale alla persuasione; e quest' uomo, certamente audace, potente, forse entusiasta, avrebbe spaventato la corte che non lo avrebbe sofferto. Per conciliare ad un tempo l'opinione ed i vecchi interessi, ella prese de' mezzi provvedimenti; scelse, come si è visto, un ministro mezzo filosofo, mezzo audace, che avea una popolarità immensa, perchè allora delle intenzioni mezzo popolari in un agente dell'autorità, superavano tutte le speranze, ed eccitavano l'entusiasmo d'un popolo, che presto la demagogia de' suoi capi dovea appena saziare.

Le menti ardevano d'un incendio universale. S'eran formate assemblee in tutta la Francia all'esempio dell'Inghilterra e sotto il nome medesimo, di *clubs*. Non s'occupavan che della distruzion degli abusi, dell'esecuzione delle riforme, e dello stabilimento della costituzione. Sdegnavansi per un esame severo della situazione del paese. In fatti la sua sorte politica ed economica era intollerabile. Tutto era privilegio negl'individui, nelle classi, nelle città, nelle provincie, fin ne' mestieri. Tutto impedimento per l'industria, e per l'ingegno dell'uomo. Le dignità civili, ecclesiastiche e militari riservate esclusivamente ad alcune classi, e in queste classi ad alcuni individui. Non si poteva abbracciare una professione, che a certi titoli e a certe condizioni pecuniarie. Le città co' loro privilegi per la ripartigione, la percezione, e la quota delle imposizioni, e per la scelta de' magistrati. Le grazie stesse, convertite per dritto di successione in proprietà di famiglia, non permettevan quasi più al monarca di dar preferenze. Non gli restava libertà, che per alcuni doni pecuniarii, e fu visto ridutto a contendere col duca di Coigny per l'abolizione d'una carica inutile.[16] Tutto era dunque immobile in alcune mani, e ovunque il minor numero resisteva al numero maggiore spogliato. Le gravezze pesavano sopra una sola classe. La nobiltà e il clero possedevano appresso a poco i due terzi delle terre; l'altro terzo posseduto dal popolo, pagava imposizioni al re, una folla di diritti feudali alla nobiltà, e le decime al clero, e sopportava di più le devastazioni de' cacciatori nobili e del salvaggiume. L'imposizioni sopra i consumi gravanti sul maggior numero, e perciò sul popolo. La percezione vessatoria; i signori impunemente. morosi; il popolo, al contrario, maltrattato carcerato, era condannato a dare il suo corpo in mancanza de' prodotti. Alimentava dunque co' sudori, difendeva col sangue l'alte classi della società senza potere esso esistere. La cittadinanza, industre e illuminata, meno infelice certamente del popolo; ma benchè arricchisse il regno coll'industria, lo illustrasse coll'ingegno, non otteneva alcuno dei vantaggi a cui avea diritto. La giustizia, amministrata in alcune provincie da' signori, nelle giurisdizioni reali da magistrati compratori dei loro impieghi, era tarda, parziale sovente, rovinosa sempre, e particolarmente atroce nelle procedure criminali. La libertà individuale violata dagli ordini secreti del re, la libertà della stampa da' censori reali. Lo stato alfine,

---

[16] Vedi le memorie di Bouillé.

mal difeso di fuori, tradito dalle innamorate di Luigi XV, compromesso dalla debolezza dei ministri di Luigi XVI, era stato recentemente disonorato in Europa, col vergognoso sacrifizio dell'Olanda, e della Polonia.

Già le torme popolari cominciavano ad agitarsi: s'eran manifestate turbolenze più volte nella lotta de' parlamenti, e specialmente alla ritirata dell'arcivescovo di Tolosa. N'era stata bruciata l'effigie: oltraggiata, e persino assalita la forza armata; la magistratura avea debolmente inquisito agitatori, che sostenevano la sua causa. Commosse le menti, piene dell'idea confusa d'una rivoluzione vicina, erano in un'ardenza continua. I parlamenti e i primi ordini già vedevano volte contro loro quell'armi, che avevano date al popolo. In Brettagna la nobiltà s'era opposta al doppio del terzo, ed avea ricusato di nominare i deputati. La cittadinanza, che l'aveva sì potentemente servita contro la corte, s'era allora rivoltata contro di quella, ed eran seguiti combattimenti sanguinosi. La corte, non credendosi vendicata abbastanza colla nobiltà bretone,[17] non solo le avea negato soccorso, ma n'aveva anche fatto arrestare alcuni membri venuti a Parigi per reclamare.

Gli elementi stessi sembravano scatenati. Una grandine, il 13 luglio, avea guasto le raccolte, e dovea rendere il provvedimento di Parigi più difficile, specialmente in mezzo alle turbolenze che si preparavano. Tutta l'attività del commercio appena bastava per adunare la quantità di sussistenze necessaria a questa gran capitale; ed era a temere che presto non divenisse difficilissimo l'alimentarla, allorchè l'agitazioni politiche avessero scosso la fiducia e interrotto le comunicazioni. Dal crudele inverno che seguì i disastri di Luigi XIV ed immortalò la carità di Fénélon, non ne fu visto alcuno più rigoroso di quello dall'88 all'89. La beneficenza che allora rivelossi in modo tene-

---

[17] Vedi Bouillé.

rissimo, non fu bastante per mitigare le miserie del popolo. Si vide accorrere da tutti i punti della Francia una quantità di vagabondi, senza professione nè mezzi, che mostravano da Versailles a Parigi la miseria e la nudità. Al minimo romore, vedevansi apparire sollecitamente per profittare della fortuna, sempre favorevole a chi ha tutto da acquistare, sino il pane della giornata.

Così tutto concorreva ad una rivoluzione. Un secolo intiero avea contribuito a svelare gli abusi, e a spingerli all'estremo; due anni, ad eccitare la sollevazione, ed agguerrire le torme popolari, facendole intervenire nella querela dei privilegiati. Finalmente naturali disastri, un concorso fortuito di circostanze diverse, condussero la catastrofe, la cui epoca poteva pur essere differita, ma il compimento era presto o tardi inevitabile.

In mezzo a tali circostanze seguirono l'elezioni. Esse furono in alcune provincie tumultuose, attive per tutto, e tranquillissime a Parigi, ove regnò molta unione ed unanimità. Si distribuirono delle liste, si cercò d'unirsi e d'intendersi. Mercanti, avvocati, letterati, meravigliati di vedersi la prima volta insieme, s'elevavano a poco a poco alla libertà. A Parigi rinominarono gli stessi ufiziali scelti dal re, e senza cambiare le persone, fecero atto d'autorità, conservandoli. Il savio Bailly abbandonò il suo ritiro di Chaillot; straniero alle pratiche, inspirato in sua nobile missione, va solo e a piedi all'adunanza. Si ferma per via al terrazzo de' Foglianti; un giovine incognito se gli appressa rispettosamente – Sarete nominato, gli dice – Io non so nulla, risponde Bailly; quest'onore non si deve nè cercare nè rifiutare. Il modesto accademico riprende il cammino, va all'adunanza, ed è successivamente nominato elettore, e deputato.

L'elezione del conte di Mirabeau fu procellosa: rigettato dalla nobiltà, accolto dal terzo stato, agitò la Provenza sua patria, e presto venne a mostrarsi a Versailles.

La corte non volle influire nell'elezioni. Non vedeavi di mal occhio gran numero di parrochi, sperando nella loro opposizione a' gran dignitari ecclesiastici, ed anche nel loro rispetto del trono. Inoltre tutto non prevedea, e nei deputati del terzo mirava piuttosto degli avversari per la nobiltà, che per sè. Il duca d'Orléans fu incolpato d'agir vivamente per fare eleggere i suoi fautori, e per esser nominato egli stesso. Già notato fra gli avversari della corte, e alleato de' parlamenti, invocato per capo a suo buono o mal grado dalla parte popolare, furongli imputate diverse pratiche. Un fatto deplorabile seguì in borgo S. Antonio. E come si vuol dare un autore a tutti gli avvenimenti, ne fu egli incolpato. Un fabbricante di carte dipinte, Rèveillon, il quale colla sua abilità manteneva vasti lavorii, perfezionando la nostra industria e dando sussistenza a trecento operai, fu accusato d'aver voluto ridurre i salari alla metà. Il volgo tentò di bruciargli la casa. Si giunse a disperderlo, ma tornovvi il giorno appresso; la casa fu invasa, arsa, distrutta.[18] Ad onta delle minacce fatte, la vigilia, dagli assalitori, e della posta datasi, l'autorità non agì che tardissimo, ed allora agì con estremo rigore. Aspettò che il popolo fosse padrone della casa; ve l'assalì con furore, e bisognò scannare gran numero di quegli uomini feroci ed intrepidi, che di poi in tutte le occasioni apparirono, e riceverono il nome di *briganti*.

Tutti i partiti, che già eran sorti, a vicenda s'accusarono: fu rimproverata alla corte la sua azione, prima troppo tarda e quindi crudele; fu supposto che avesse voluto lasciare il popolo azzuffarsi, per dare un esempio, ed esercitare le truppe. Il danaro trovato su' devastatori della casa Rèveillon, i motti sfuggiti ad alcuni di loro, fecero sospettare, che fussero suscitati e condotti da mano occulta; e i nemici della parte popolare accusarono il duca d'Orléans d'aver voluto far prova di quelle bande rivoluzionarie.

Questo principe era nato con delle qualità eccellenti; aveva eredita-

---

[18] 27 aprile.

to immense ricchezze; ma dedito a' cattivi costumi, aveva abusato di tutti questi beni di natura e di fortuna. Senza alcuna fermezza di carattere, ora incurante dell'opinione, ora avido di popolarità, oggi era ardito e ambizioso, dimane debole e dissipato. Crucciato colla regina, si era fatto nemico della corte. Cominciando a formarsi le parti, aveva lasciato prendere il suo nome, ed anche, dicesi, le sue ricchezze. Lusingato d'un avvenire confuso, agiva tanto per farsi accusare, non tanto per riuscire; e doveva, se i suoi partigiani avevano veramente de' progetti, disperarli colla sua incostante ambizione.

# CAPITOLO SECONDO

Convocazione ed apertura degli stati generali – Discussioni sulla verificazione de' poteri, e sul voto per ordini e per capi. – L'ordine del terzo stato si dichiara assemblea nazionale. – È chiusa la sala degli stati, i deputati si adunano altrove. – Giuramento al gioco della palla. – Adunanza reale de' 23 giugno. – L'assemblea seguita le sue deliberazioni malgrado gli ordini del re. – Riunione finale de' tre ordini. – Primi lavori dell'assemblea. – Agitazioni popolari di Parigi. – Il popolo libera alcune guardie francesi chiuse all'Abazzia. – Trama della corte; s'avvicinano delle truppe a Parigi. – Congedo di Necker. – Giornate de' 12, 13 e 14 Luglio. – Presa della Bastiglia. – Il re va all'assemblea, e quindi a Parigi. – Richiamo di Necker.

Giungeva il momento della convocazione degli stati generali. In questo comune pericolo i primi ordini raccostandosi alla corte, s'erano ristretti intorno a' principi del sangue ed alla regina. Tentavano di guadagnare con adulazioni i gentiluomini di campagna, e in loro assenza schernivano la loro rusticità. Il clero tentava di guadagnare i plebei del suo ordine, la nobiltà militare, quelli del suo. I parlamenti, che avean creduto d'occupare il primo posto negli stati generali, cominciavano a temere che fosse fallita la loro ambizione. I deputati del terzo stato, forti per la superiorità de' lumi, e per la franca espressione de' loro mandati, sostenuti da accostamenti continui, e stimolati anche da' dubbi che molti mostravano del successo de' loro sforzi, avevan preso fermo consiglio di non cedere.

Il re solamente che dal principio del suo regno non avea gustato un momento di riposo, considerava gli stati generali come il termine delle sue inquietudini. Geloso dell'autorità, piuttosto per i figli a' quali credea dover lasciare questo patrimonio intatto, che per sè medesimo, non era dolente di renderne una parte alla nazione, e disgravare sovr'essa le difficoltà del governo. Così faceva lieto i preparativi della gran riunione. Era stata preparata una sala sollecitamente. Furon per fino prescritti gli abiti, ed imposto al terzo stato un cerimoniale umiliante. Gli uomini non son men gelosi della dignità, che dei loro diritti. Per un orgoglio ben giusto, i mandati vietavano a' deputati di condiscendere ad alcun cerimoniale oltraggioso. Questo nuovo fallo della corte nasceva, come tutti gli altri, dal desiderio di conservare almen l'apparenze, quando le cose non eran più. Doveva però cagionare irritazione profonda in un momento in cui, avanti d'assalire, si cominciava dallo squadrarsi cogli occhi.

Il 4 maggio, vigilia dell'apertura, fu fatta una processione solenne. Il re, i tre ordini, tutti i dignitari dello stato, andarono alla chiesa di Nostra Donna. La corte spiegò una straordinaria magnificenza. I primi due ordini eran vestiti pomposamente. Principi, duchi e pari, gentiluomini, prelati, eran ornati di porpora, coperti il capo di cappelli colle penne. I deputati del terzo, vestiti di semplici manti neri, venivano dietro, e malgrado la loro comparsa modesta, sembravano forti del loro numero, e del loro avvenire. Fu osservato, che il duca d'Orléans, posto alla coda della nobiltà, guardava di restare addietro, e di confondersi co' primi deputati del terzo.

Quella pompa nazionale, militare e religiosa, que' canti divoti, quegl'istrumenti guerrieri, e più d'ogni altro la grandezza del fatto, commossero maravigliosamente i cuori. Il discorso del vescovo di Nancy, pieno di sentimenti generosi, fu applaudito con entusiasmo, non ostante la santità del luogo e la presenza del re. Le grandi adunanze sublimano l'animo, ci rapiscono da noi stessi, ci ricongiungono agli altri; si diffuse generale letizia, e molti cuori si sentirono ad un tratto affievolire gli sdegni, e riempier un momento d'umanità e di patria.[1] L'apertura degli stati generali seguì il giorno dopo, 5 maggio 1789. Il re stava assiso sopra un trono elevato, la regina al suo fianco, la corte nelle tribune, i primi due ordini dalle due parti, il terzo stato in fondo della sala sovra sedie inferiori. Un movimento destossi alla vista del conte di Mirabeau; ma il suo sguardo, il suo portamento, inspirarono rispetto all'assemblea. Il terzo stato insieme cogli altri ordini si coperse, non ostante l'uso stabilito. Il re pronunziò un discorso, in cui consigliava disinteresse agli uni, saviezza agli altri, e parlava a tutti del suo amore del popolo. Il ministro della giustizia, Barentin, prese di poi la parola; e fu seguito da Necker, che lesse una memoria sullo stato del regno, ove parlò lungamente d'entrate, denunciò il difetto di 56 milioni, e affaticò colla lunghezza coloro, che non offese colle sue lezioni.

Il giorno appresso fu prescritto a deputati d'ogni ordine di trasferirsi al luogo loro destinato. Oltre la sala comune, assai vasta per contenere i tre ordini insieme, erano state costrutte altre due sale per la nobiltà e il clero. La sala comune era destinata al terzo, il quale così aveva il vantaggio, stando nel proprio loco, di trovarsi in quello degli stati. La prima operazione da fare era quella della verificazione de' poteri. Si trattava se si dovesse eseguire in comune, o per ordine. I deputati del terzo, sostenendo che interessava a ciascuna parte degli stati generali, l'assicurarsi della legittimità degli altri due, domandavano la verificazione in comune. La nobiltà e il clero, volendo conservare la divisione degli ordini, sostenevano che ciascuno dovea costituirsi da sè. Questa questione non era ancora quella della votazione per capi, perchè si potean verificare i poteri in comune, e votar quindi separatamente: ma molto a quella rassomigliava; e fino dal primo giorno fece nascere una divisione, che sarebbe stato facile di

---

[1] Vedi la nota 1.ª alla fin del volume.

prevedere e allontanare, sciogliendo la difficoltà avanti. Ma la corte non aveva mai la forza, nè di negare, nè di concedere il giusto, e d'altronde sperava regnare colla divisione.

I deputati del terzo stato rimasero adunati nella sala comune, astenendosi dal prendere alcuna risoluzione, e aspettando, dicevano, la riunione de' loro colleghi. La nobiltà e il clero, ritirati nelle loro sale particolari, si misero a deliberare sulla verificazione. Il clero votò la verificazione separata colla pluralità di 133 voci contro 114, e la nobiltà con quella di 188 contro 114. Il terzo stato, persistendo nella sua immobilità, continuò il dimane la condotta della vigilia. Guardava d'evitare ogni risoluzione, che potesse farlo considerare come costituito in ordine separato. Perciò, dirigendo alcuni membri all'altre due camere, ebbe cura di non dar loro alcuna missione espressa. Questi membri erano inviati alla nobiltà e al clero, per dir loro che erano attesi nella sala comune. La nobiltà non era adunata nel momento; il clero era riunito, ed offerse di nominare de' deputati per conciliare le differenze insorte. Li nominò di fatto, e fece invitare la nobiltà a fare altrettanto. Il clero, in questa lotta, mostrava un carattere molto differente da quello della nobiltà. Fra tutte le classi privilegiate, egli aveva più sofferto dagli attacchi del secolo decimottavo: la sua esistenza politica era stata contrastata; trovavasi diviso a causa del gran numero di parrochi; d'altronde la sua parte necessaria era quella della moderazione e dello spirito di pace: così, come si è visto, offerse una specie di mediazione.

La nobiltà al contrario ricusò, e non volle nominar deputati. Meno prudente del clero, dubitando meno de' suoi diritti, credendosi non già obbligata alla moderazione, ma alla valentia, si sfogò in rifiuti e minacce. Questi uomini, che non hanno perdonato a nissuna passione, s'abbandonavano a tutte le loro, e pativano, come tutte l'adunanze, la dominazione degli spiriti più violenti. Casalès, d'Espréménil, recentemente annobiliti, facevano abbracciare le proposizioni più impetuose, che preparavano, avanti in riunioni particolari. Invano una minorità, composta d'uomini o più saggi o più prudentemente ambiziosi, si sforzava d'illuminare quella nobiltà; non voleva intender niente, parlava di combattere e di morire, e, aggiungeva, per le leggi e per la giustizia.

Il terzo stato, imperturbale, inghiottiva con calma tutti gli oltraggi; si sdegnava in silenzio, si reggeva colla prudenza e colla fermezza di tutte le potenze che nascono, e raccoglieva le acclamazioni delle tribune, destinate da principio alla corte, e invase presto dal pubblico. Erano già corsi molti giorni. Il clero avea teso insidia al terzo stato, cercando di tirarlo a certi atti che lo facessero qualificare ordine costituito. Ma il terzo stato vi si era costantemente negato, e non prendendo che provvedimenti indispensabili di governo interiore, s'era limitato a scegliere un anziano, e degli aggiunti, per raccogliere i pareri. Ricusava d'aprire le lettere che gli eran dirette, e dichiarava formare non un ordine, ma un'*assemblea di cittadini, riuniti da legittima autorità per attendere altri cittadini.*

La nobiltà, dopo avere ricusato di nominare deputati conciliatori, consentì al fine a mandarne, per concertarsi cogli altri ordini; ma la missione che loro dava, tornava inutile; perchè gl'incaricava al tempo stesso di dichiarare, che persisteva nella sua decisione del 6 maggio, la quale ingiungeva la verificazione separata. Il clero all'opposto, fedele alla sua parte, aveva sospeso la verificazione già cominciata nella camera propria, e s'era dichiarato non costituito, attendendo le conferenze de' deputati conciliatori. Le conferenze s'erano aperte: il clero taceva; i deputati de' comuni facevan valere le loro ragioni con calma; quelli della nobiltà con disdegno. Si separarono inaspriti dalla disputa, e il terzo stato risoluto a non conceder nulla, non era sconfortato certamente dall'apprendere, che ogni transazione diveniva impossibile. La nobiltà ascoltava tutti i giorni i suoi deputati assicurare, che avevan ottenuto il vantaggio, e la sua alterigia n'aumentava vie

più. Per un raggio passeggiero di prudenza, i due primi ordini dichiararono, che rinunziavano a' loro privilegi pecuniari. Il terzo stato
accettò la concessione, ma persistette, nella sua immobilità, esigendo
sempre la verificazione comune. Le conferenze si continuavano ancora, quando alfine fu proposto, per accomodamento, di far verificare i
poteri da deputati presi nei tre ordini. Gl'inviati della nobiltà dichiararono in suo nome, che essa non accettava questa proposizione, e si
ritirarono senza fissar giorno per nuova conferenza. Così fu rotto il
trattato. Il medesimo giorno la nobiltà fece un decreto, col quale
dichiarò nuovamente, che per quella sessione la verificazione doveva
farsi separatamente, lasciando agli stati la cura di fissare un altro
modo per l'avvenire. Questo decreto fu comunicato a' comuni il 27
maggio. L'apertura era seguita sino del 5. Erano dunque corsi ventidue giorni, senza che fosse stato fatto niente: era tempo di prendere
una risoluzione. Mirabeau, che dava l'impulso alla parte popolare,
fece osservare esser urgente il decidersi, e cominciare il ben pubblico
troppo tempo tardato. Propose dunque, dopo la nota risoluzione
della nobiltà, di fare un invito al clero perchè si spiegasse ad un tratto, e dichiarasse se voleva o no riunirsi a' comuni. La proposizione fu
subito approvata. Il deputato Target si mise in cammino alla testa
d'una numerosa deputazione, e si condusse nella sala del clero: "I
comuni, diss'egli, invitano il clero, IN NOME DEL DIO DELLA
PACE, e per il bene nazionale, a riunirsi a loro nella sala dell'assemblea, per provvedere ai modi d'operar la concordia, sì necessaria in
questo momento alla salute della cosa pubblica." Il clero fu scosso da
queste parole solenni; un gran numero de' suoi membri rispose colle
acclamazioni, e voleva arrendersi subito a quell'invito; ma venne
impedito, e fu risposto a' deputati de' comuni, che si sarebbe deliberato. Al ritorno della deputazione, il terzo stato, inesorabile, si deter-
minò ad aspettare in adunanza la risposta del clero. Questa risposta
non giungendo, manda a dire che aspettava. Il clero si rammaricò

d'esser troppo vivamente pressato, e domandò che gli fosse lasciato il tempo necessario. Fu risposto con moderazione, che lo prendesse, e che si sarebbe aspettato, quando bisognasse, tutto il giorno e tutta la notte.

La situazione era difficile; il clero sapeva che, dietro la sua risposta, i comuni si metterebbero all'opera, e prenderebbero un partito deciso. Voleva temporeggiare per concertarsi colla corte; domandò dunque sino al giorno dopo, ciò che fu a stento donato. Infatti il giorno dopo, il re si risolvè, come tanto bramavano i primi ordini, a intervenire. Allora tutte le nimistà tra la corte e i primi ordini, cominciavano ad obliarsi all'aspetto di quella potenza popolare, che s'elevava con tanta rapidità. Il re mostrandosi alfine, invitò i tre ordini a riprendere le conferenze in presenza del ministro della giustizia. Il terzo stato, qualunque cosa detta siasi de' suoi disegni che si son giudicati dopo il fatto, non alzava i suoi voti al ai là della monarchia temperata. Conoscendo l'intenzioni di Luigi XVI, era pieno di rispetto per lui; d'altronde non volendo nuocere alla propria causa per nissun torto, rispose che acconsentiva, per rispetto del re, a riprendere le conferenze, per quanto dopo le dichiarazioni della nobiltà si potesser credere inutili. Aggiunse alla risposta un messaggio, incaricando l'anziano di rimetterlo al principe. Questo anziano era Bailly, uomo semplice e virtuoso, savio illustre e modesto, trasferito ad un tratto da' queti studii del suo ritiro, in mezzo alle discordie civili. Scelto a presiedere a una grande assemblea, s'era spaventato di questo ufizio novello; reputandosi indegno d'esercitarlo, e non l'aveva accettato che per dovere. Ma cresciuto subitamente alla libertà, trovò in sè una prontezza di mente ed una fermezza insperate; in mezzo a tanti conflitti, fece rispettare la maestà dell'assemblea, e rappresentolla con tutta la dignità della virtù e della ragione.

Bailly durò gran fatica per giungere fino al re. Come insisteva per essere introdotto, i cortigiani sparsero che non avea rispettato nemmeno il dolor del monarca, afflitto per la morte del delfino. Alla fine fu presentato; seppe evitare ogni cerimonia umiliante, e mostrò fermezza pari a rispetto. Il re l'accolse con bontà, ma senza spiegare le sue intenzioni.

Il governo, disposto ad alcuni sacrifizi per aver de' sussidii, voleva opporre gli ordini infra di loro per farsene l'arbitro, carpire alla nobiltà i privilegi pecuniari coll'aiuto del terzo stato, e frenare l'ambizione del terzo coll'aiuto della nobiltà. La nobiltà non curando l'angustie dell'amministrazione, e solo pensando a' sacrifizi che le potesser costare, cercava di poter giungere alla dissoluzione degli stati generali, e render così inutile la loro convocazione. I comuni, che la corte e i primi ordini non volevano riconoscere con questo titolo, e appellavano sempre col nome di terzo stato, acquistavan sempre forze novelle, e risoluti d'affrontare tutti i pericoli, non volevan lasciare sfuggire un'occasione che forse non poteva mai più tornare.

Seguirono le conferenze domandate dal re. I deputati della nobiltà levarono difficoltà di ogni genere, sul titolo di comuni preso dal terzo stato, sulla forma, e la firma degli atti. Finalmente entrarono in discussione, ed eran quasi ridotti al silenzio dalle ragioni che loro opponevansi, quando Necker, in nome del re, propose un nuovo modo di conciliazione. Ogni ordine dovesse esaminare separatamente i poteri, e darne comunicazione agli altri: nel caso ove difficoltà s'elevassero, dei deputati ne facessero relazione a ciascuna camera, e se la decisione de' diversi ordini non fosse conforme, il re giudicasse definitivamente. Così la corte scioglieva le difficoltà a suo profitto. Le conferenze furon subito sospese, per ottenere il consenso degli ordini. Il clero accettò il progetto puramente e semplicemente. La nobiltà l'accolse da prima con favore; ma sospinta da' suoi istigatori ordinari, rigettò l'avviso de' membri più saggi, e modificò il progetto di conciliazione. Da questo giorno datano tutte le sue disgrazie.

I comuni, informati di questa risoluzione, aspettavano, per dichiararsi parimente, che fosse loro partecipata; ma il clero, colla solita astuzia, volendo metterli in mora agli occhi della nazione, mandò loro una deputazione, per confortarli ad occuparsi con esso della miseria del popolo, fatta tutti i giorni maggiore, e a sollecitarli di provvedere insieme alla scarsità, e al caro de' viveri. I comuni, esposti al disfavore popolare, quando sembrassero indifferenti a tale proposizione, resero astuzia per astuzia, rispondendo che, mossi da' doveri medesimi, aspettavano il clero nella gran sala, per occuparsi con lui di questo oggetto importante. Ecco la nobiltà partecipare solennemente la risoluzione a' comuni; abbracciava, diceva, il progetto di conciliazione, ma col perseverare nella verificazione separata, e senza deferire agli ordini riuniti e alla giurisdizione suprema del re, altro che le difficoltà le quali insorgessero sulle deputazioni d'un'intera provincia.

Questa risoluzione pose fine a tutti gl'impacci a' comuni. Ridotti, o a cedere, o a dichiararsi soli in guerra contro i primi ordini e il trono, se il progetto di conciliazione fosse stato abbracciato, così furono dispensati dal dichiararsi non essendo stato accolto senza gravi mutazioni. Il momento era solenne. Cedere sulla verificazione separata, non era cedere, è vero, sul voto per ordini; ma piegare una volta, era un piegare per sempre. Facea d'uopo, o rassegnarsi a una parte quasi nulla, dar danaro all'autorità, e contentarsi di distruggere alcuni abusi quando si vedeva possibile di rigenerare lo stato, o prendere una risoluzione gagliarda, afferrando violentemente una parte del potere legislativo. Questo era il primo atto della rivoluzione; ma l'assemblea non si ristette. Perciò, vergati tutti gli atti, rotte le conferenze, Mirabeau alzatosi disse: "Ogni progetto di conciliazione, rigettato da una parte, non può essere più esaminato dall'altra. È passato già un mese; bisogna prendere un partito deciso; un deputato di Parigi ha da fare una proposizione importante; ascoltiamolo." Mirabeau, aperta la deliberazione colla sua audacia, introdusse alla tribuna

Sieyes, intelletto vasto, sistematico, e rigoroso nelle sue deduzioni. Sieyes rammenta, e ragiona in poche parole la condotta de' comuni. Abbiamo aspettato, e ci siamo prestati a tutte le conciliazioni proposte; la nostra lunga indulgenza è tornata inutile; non possiamo più differire, senza mancare alla nostra missione; perciò dobbiam fare l'estremo invito agli altri due ordini di riunirsi a noi per cominciare la verificazione. Questa proposizione, rigorosamente ragionata,[2] fu accolta con entusiasmo; si volevano fino invitare gli altri due ordini a riunirsi dentro un'ora.[3] Fu però prorogato il termine. Il giorno appresso, giovedì, essendo consecrato alle solennità religiose, indugiossi al venerdì. Il venerdì l'estremo invito è comunicato; i due ordini rispondono, che delibererebbero; il re, che farebbe conoscere le sue intenzioni. Incominciossi l'appello de' baliaggi: il primo giorno tre parrochi comparirono, e furon coperti d'acclamazioni; il secondo ne giunsero sei; il terzo e il quarto, dieci; nel cui numero era l'abate Grégoire.

Nel mentre dell'appello de' baliaggi e della verificazione de' poteri, grave questione levossi sul titolo, che dovesse prendere l'assemblea. Mirabeau propose quello di *rappresentanti del popolo francese*; Mounier, quello di *pluralità, deliberante in assenza della minorità*; il deputato Legrand, quello di *assemblea nazionale*. Quest'ultimo fu scelto dopo una discussione assai lunga, che si protrasse, nella notte, fino al 16 giugno. Era un'ora del mattino, e si trattava se convenisse dichiararsi costituiti in quella medesima adunanza, o aspettare al giorno dopo. Una parte de' deputati voleva che non si perdesse un momento, per acquistare un carattere legale che imponesse rispetto alla corte. Un piccol numero, desideroso di frastornare i lavori dell'assemblea, sdegna vasi e metteva grida furiose. I due partiti schierati da'

---

[2] Vedi la nota 2 alla fin del volume.

[3] Adunanza del 10 giugno.

due lati d'una lunga tavola, si minacciavano a vicenda; Bailly, stando al centro, era pressato dagli uni di sciogliere l'assemblea, degli altri di mandare a' voti la proposizione di costituirsi. Impassibile in mezzo a' gridi e agli oltraggi, restò per più d'un ora immobile e cheto. Il cielo era procelloso, soffiava il vento per la sala gagliardamente, e cresceva tumulto. Alla fine i furiosi partirono; allora Bailly, rivolto all'assemblea fatta tranquilla per la partenza de' perturbatori, la confortò a rimettere al dimane l'atto importante che si preparava. Ella seguitò il suo avviso, e si ritrasse applaudendo alla sua costanza e saviezza.

Il giorno dopo, 17 giugno, la proposizione fu messa in deliberazione, e alla pluralità di 491 contro 90, i comuni si costituirono in *assemblea nazionale*. Sieyes, incaricato nuovamente di ragionare questa decisione, il fece coll'usato rigore.

L'assemblea, deliberando dietro alla verificazione de' poteri, si dichiara composta dei rappresentanti direttamente inviati da novantasei parti per cento almeno della nazione. Tal numero di deputati non può restare ozioso, per l'assenza di quelli d'alcuni baliaggi, o d'alcune classi di cittadini; perchè gli assenti, *che sono stati chiamati,* non possono impedire i presenti d'esercitare la pienezza de' loro diritti, specialmente quando l'esercizio di questi diritti è un dovere imperioso ed urgente.

Di più, siccome non appartiene che ai rappresentanti verificati di concorrere al voto nazionale, e tutti i rappresentanti verificati devono essere in questa assemblea, bisogna concludere, che ad essa appartiene, e non appartiene che ad essa, d'interpretrare e di rappresentare la volontà generale della nazione.

Non può esistere fra il trono e l'assemblea alcun *divieto*, alcun potere negativo.

L'assemblea dunque dichiara, che l'opera comune della restaurazione nazionale può e deve cominciarsi senza ritardo dai deputati presenti, e devono essi proseguirla senza interruzione, come senza impedimento.

Il nome d'assemblea nazionale è il solo che si con faccia all'assemblea nello stato presente delle cose, sia perchè i membri che la compongono sono i soli rappresentanti legittimamente e pubblicamente riconosciuti e verificati; sia perchè son mandati dalla totalità quasi della nazione; sia infine perchè la rappresentazione essendo una ed indivisibile, niun deputato, in qualunque ordine o classe sia scelto, ha il diritto d'esercitare le sue funzioni separatamente da questa assemblea.

L'assemblea non perderà mai la speranza di riunire al suo seno tutti i deputati or'assenti; non cesserà di richiamarli all'osservanza dell'obbligo loro imposto di concorrere allo scopo degli stati generali. In qualunque momento i deputati assenti si presenteranno nella sessione che s'apre, ella dichiara fin d'ora che affretterassi d'accoglierli, e di divider con essi, dopo la verificazion dei poteri, la prosecuzione della grand'opra, che deve procurare la rigenerazion della Francia.

Subito dopo questo decreto, l'assemblea volendo a un tempo fare atto di potenza, e provare che non intendeva turbare il corso dell'amministrazione, legittimò la percezione dell'imposizioni quantunque stabilite senza il consenso nazionale; prevenendo il suo scioglimento, aggiunse che cesserebbero d'esser percette dal giorno in cui ella fosse disciolta; prevedendo inoltre il fallimento, rimedio che restava all'autorità per terminare l'angustie dell'erario e far senza il concorso nazionale, sodisfece alla prudenza e all'onore ponendo i creditori dello stato sotto la protezione della lealtà francese. Infine annunziò, che s'occuperebbe immediatamente delle cause della carestia e della miseria pubblica.

Queste risoluzioni, dimostranti egual coraggio e destrezza, fecero negli animi profonda impressione. La corte e i primi ordini furono spaventati di tanto ardire e fierezza. In questo mezzo il clero deliberava in tumulto sulla riunione a' comuni. La folla aspettava di fuori l'esito della deliberazione; i parrochi alfine la vinsero, e si sentì la riunione essere stata risoluta alla pluralità di 149 voci, contro 115. Coloro, i quali avean votato la riunione, furono accolti con gioia; gli altri, oltraggiati e perseguiti dal popolo. Questo momento doveva produrre la riconciliazione della corte coll'aristocrazia. Il pericolo era uguale per ambedue. L'ultima risoluzione nuoceva tanto al re, che ai primi ordini, di cui i comuni dichiaravano poter far senza. Si prostrarono subito ai piedi del re; il duca di Luxembourg, il cardinal de Larochefoucauld, l'arcivescovo di Parigi, lo supplicarono di reprimere l'audacia del terzo stato, e di sostenere i loro diritti violati. Il parlamento gli profferse di disfarsi degli stati, promettendo di consentire tutte le imposizioni. Il re fu aggirato da' principi e dalla regina, e, per la sua debolezza, era anche troppo; alla fine fu trascinato a Marly per carpirgli una risoluzione di vigore.

Il ministro Necker, affezionato alla causa popolare, si riduceva a rappresentazioni inutili, che il re trovava giuste quando aveva lo spirito libero, ma la corte procurava di distruggerne subito l'effetto. Dacché egli vide l'intervento dell'autorità reale necessario, formò un disegno che parve arditissimo al suo coraggio: voleva che il monarca ordinasse, in un'adunanza reale, la riunione degli ordini, ma solamente per le proposizioni d'interesse generale; s'attribuisse la sanzione di tutte le risoluzioni degli stati generali; disapprovasse precedentemente ogni istituzione contraria alla monarchia temperata, come quella d'un'assemblea unica; promettesse in fine l'abolizione de' privilegi, l'eguale ammissione di tutti i francesi agli ufizi civili e militari ec. Necker, che non avea avuto cuore d'andar avanti ai tempi con un simile sistema, non n'avea nemmeno per procurarne l'esecuzione.

Il consiglio avea seguitato il re a Marly. Là il disegno di Necker, da prima approvato, fu rimesso in deliberazione: ad un tratto arriva un biglietto al re; è sospeso il consiglio; poi ripreso, e rimesso al domani non ostante il bisogno di gran celerità. Il giorno dopo furono aggiunti nuovi membri al consiglio; fra i quali, i fratelli del re. La proposizione di Necker è modificata; il ministro resiste, fa alcune concessioni, ma si vede vinto, e ritorna a Versailles. Tre volte un paggio gli porta biglietti con nuove modificazioni; il progetto è affatto sfigurato, e l'adunanza reale è fissata al 22 giugno. Non s'era ancora al 20, e la sala degli stati fu già chiusa, col pretesto di preparativi necessari per la presenza del re. Questi preparativi potevan farsi in una mezza giornata; ma avendo la vigilia il clero risoluto di riunirsi ai comuni, volevasi impedire questa riunione. Un ordine del re fece subito sospendere l'adunanze fino al 22. Bailly, credendosi obbligato di obbedire all'assemblea, che il venerdì, 19, si era aggiornata al sabato, si condusse alla porta della sala. La circondavano guardie francesi, con ordine d'impedirne l'ingresso; l'ufficiale di servizio accolse Bailly con rispetto, e gli permise di passare in un cortile a scrivere una protesta. Alcuni deputati giovani e ardenti, volevano forzare la guardia; Bailly accorso, li quietò, e li menò via per non compromettere il generoso uffiziale, che con tanta moderazione eseguiva gli ordini dell'autorità. S'affollano in tumulto e seguitano a volersi riunire; alcuni parlano di tener adunanza sotto le finestre stesse nel re; altri propongono la sala del giuoco della palla; subito v'accorrono, e il padrone la cede con gioia.

Questa sala era vasta, ma le pareti oscure e spogliate, e non v'erano sedie. Fu offerto un seggio al presidente, che lo ricusò volendo stare ritto come l'assemblea; una tavola servì di banco, e due deputati furon collocati alla porta per guardia, i quali però furon tosto cambiati da' custodi del luogo, venuti ad offrire i loro servigi. Accorre il popolo in folla, la deliberazione comincia. Da tutte le parti s'inveisce contro quella sospensione dell'adunanze, e son proposti vari rimedi per impedirlo all'avvenire. Cresce l'agitazione, estremi partiti cominciano ad offrirsi alle fantasie. Fu proposto d'andare a Parigi: questo pensiero, accolto con ardore, agita vivamente; si parla fino di trasferirvisi in corpo, e a piedi. Bailly, paventando le violenze che potrebbe soffrir l'assemblea per viaggio, e per timore ancora d'una divisione, s'oppose al disegno. Allora Mounier propose ai deputati d'obbligarsi con giuramento a non separarsi, avanti d'avere stabilito una costituzione. Questa proposizione fu accolta con gioia, e si compila subito la formula del giuramento. Bailly domandò l'onore d'obbligarsi il primo, e lesse la formula concepita così: "Noi facciamo giuramento solenne di non separarci giammai, di riunirci ovunque le circostanze richiederanno, finchè non avremo fatta la costituzione del regno, e fortificata su saldi fondamenti." Questa formula, pronunziata a voce alta ed intelligibile, risuona fino al di fuori. Tutti i labri proferiscono subito il giuramento; tutte le braccia si stendono verso Bailly, che dritto ed immobile, riceve quest'obbligazione solenne d'assicurar colle leggi l'esercizio de' nazionali diritti. La folla getta subito le grida di *viva l'assemblea! viva il re!* come per provare, che senza sdegno e senz'odio, ma per diritto, ella ricupera quello che l'è dovuto. I deputati si mettono quindi a firmare la dichiarazione. Un solo, Martin d'Auch, aggiunge al suo nome la parola d'opponente. Gli si fece intorno grave tumulto. Bailly, per essere inteso, salì sopra una tavola, e si volse con moderazione al deputato, rappresentandogli che avea il diritto di rifiutar la sua firma, ma non quello di fare opposizione. Il deputato persistette; e l'assemblea, per rispetto alla sua libertà, sofferse il vocabolo, e lo lasciò stare negli atti.

Questo nuovo tratto di coraggio mise spavento nella nobiltà, che il giorno dopo andò a fare le sue doglianze a' piedi del re, scusandosi, in qualche modo, delle modificazioni fatte al progetto di conciliazione, e domandandogli la sua assistenza. La minorità de' nobili protestò contro questo procedere, affermando con ragione che non era più tempo di domandare l'intervenzione reale, dopo averla sì male accortamente rifiutata. Questa minorità, sì poco ascoltata, componevasi di quarantasette membri; contavansi fra essi, soldati e magistrati illustri; il duca di Liancourt, amico generoso del re e della libertà; il duca di Lorochefoucauld, distinto per costante virtù, e gran lumi; Lally-Tolendal, celebre già per le sventure del padre, e i suoi eloquenti reclami; Clermont-Tonnerre, notabile pel dono della parola; i fratelli Lameth, giovani colonnelli, chiari per ingegno, e prodezza; Duport, già celebrato per vasta capacità e fermezza di carattere; finalmente il marchese di Lafayette, il difensore della libertà americana, che giungeva alla vivacità francese, la semplicità e la costanza d'un Vasintono.

L'intrigo ritardava tutte l'operazioni della corte. L'adunanza fissata in principio a lunedì 22, fu rimessa al 23. Un biglietto, scritto assai tardi a Bailly ed alla fine del gran consiglio, annunziargli questa permutazione, e dimostrava la confusione che regnava nell'idee; Necker era risoluto a non andare all'adunanza, per non autorizzare, colla presenza, de' progetti che condannava.

Mezzi meschini, rifugi ordinari d'un'autorità debole, furono adoperati per impedire l'adunanza del lunedì 22; i principi mandarono a fissare per se, per giocare in quel giorno, il giuoco della palla. L'assemblea si ridusse alla chiesa di San Luigi, dove ricevè la pluralità del clero, alla testa del quale trovavasi l'arcivescovo di Vienna. Questa riunione, operata colla massima dignità, eccitò vivissima gioia. Il clero veniva a sottomettersi, diceva, alla verificazione comune.

Il giorno dopo, 23, era il giorno fissato per l'adunanza reale. I deputati de' comuni dovevano entrare per una porta remota, e differente da quella riservata alla nobiltà e al clero. In difetto delle violenze, non si risparmiarono loro le umiliazioni. Esposti alla pioggia, stettero ad aspettare lungamente: il presidente, ridotto a battere a quella porta, che non s'apriva, vi ribattè molte volle, e gli fu risposto, che non era tempo ancora. I deputati già partivano; Bailly battè nuovamente; la porta alla fine si aperse; entrarono, e trovarono i due primi ordini in possesso de' loro seggi, di cui avean voluto impadronirsi occupandoli avanti. L'adu-

nanza non era, come quella del 5 maggio, maestosa e tenera insieme
per una certa effusione di sentimenti e di speranze. Numerosa milizia,
cupo silenzio la distinguevano da quella prima solennità. I deputati de'
comuni avevano risoluto di guardare il più profondo silenzio. Il re prese
la parola, e svelò la propria debolezza usando espressioni troppo
gagliarde al suo carattere. Gli fu fatto dir de' rimproveri, e dar de'
comandi. Ordinava la separazione degli ordini, e aboliva i precedenti
decreti del terzo stato, promettendo di sancire la rinunzia de' privilegi
pecuniari, qualora i possessori l'avessero fatta. Conservava tutti i diritti
feudali, tanto utili che onorifici, come proprietà inviolabili; non ordinava la riunione per le materie d'interesse generale, ma la faceva sperare dalla moderazione de' primi ordini. Così forzava l'ubbidienza de'
comuni, e si contentava di presumere quella dell'aristocrazia. Lasciava
la nobiltà e il clero giudici di quello che per loro parte li riguardava, e
finiva dicendo, che ove trovasse de' nuovi ostacoli, farebbe da se solo il
bene del suo popolo, e si considererebbe come il suo unico rappresentante. Questo tuono, questo linguaggio sdegnarono fortemente gli
animi, non contra il re, che avea debolmente rappresentato passioni
non sue, ma contro l'aristocrazia di cui era strumento.

Subito dopo il discorso, ordinò all'assemblea di separarsi. La nobiltà, ed una parte del clero lo seguitarono: il maggior numero de' deputati ecclesiastici restò; i deputati de' comuni, immobili, serbar
silenzio profondo. Mirabeau, che sempre avanzavasi il primo, levossi:
"Signori, io confesso, dic'egli, che quello che noi abbiamo udito
potrebbe essere la salute della patria, se i presenti del dispotismo non
fussero sempre pericolosi... Apparecchio d'armi, violazione del tem-
pio nazionale, per comandarci d'esser felici...! Ove sono i nemici della
nazione? Catilina è forse alla porte...? Io domando, che coprendoci
della nostra dignità, della nostra potenza legislativa, ci raccogliamo
nella religione del ansito giuramento; egli non ci permette di separarci, se prima non avremo fatto la costituzione."

Allora il marchese di Brézé, gran cerimoniere, ritorna e si volge a Bailiy, dicendo: "Avete sentito gli ordini del re"; e Bailly rispose: "Prenderò quelli dell'assemblea". Mirabeau s'avanza: "Sì, signore, grida, noi abbiamo sentito l'intenzioni, che sono state insinuate al re, ma voi qui non avete nè voce, nè loco, nè diritto di favellare. Intanto, per non perder tempo, andate a dire al vostro padrone, che noi siamo qui per la potenza del popolo, e che non ci trarremo che per la potenza delle bajonette". De Brézé parte. Sieyes proferisce queste parole: "Siamo oggi, quello che eravamo ieri; deliberiamo". L'assemblea si raccoglie per deliberare sulla conferma dei precedenti decreti. "Il primo di questi decreti, disse Barnave, dichiara chi noi siamo; il secondo, risolve sulle imposizioni, che noi soli abbiamo il diritto di consentire; il terzo, è il giuramento di fare il nostro dovere. Nessuna di queste risoluzioni ha bisogno della sanzione reale. Il re non può impedire quello, che non ha ad acconsentire". Nel momento ecco degli operai per levar gli sgabelli; milizie armate traversan la sala; altre la circondan di fuori; le guardie del corpo s'avanzano infin'alla porta. L'assemblea, senza far interruzione, rimane al suo posto e raccoglie i voti. V'è unanimità per la conferma di tutti i decreti precedenti. Questo non basta. In seno alla città reale, in mezzo a' servitori di corte, e priva dell'ajuto di quel popolo poscia sì formidabile, l'assemblea poteva essere minacciata. Mirabeau ritorna alla tribuna, e propone di decretare l'inviolabilità di tutti i deputati. Subitamente l'assemblea, non opponendo alla forza che una volontà maestosa, dichiara inviolabili tutti i suoi membri, proclama traditore, infame, e colpevole di capitale delitto, chiunque offendesse le loro persone.

In questo mentre la nobiltà, credendo d'aver salvato lo stato con quel letto di giustizia, offriva le sue congratulazioni al principe, che n'avea rappresentata l'imagine, e dal principe le passava alla regina. Questa, tenendo il figlio fra le braccia, mostrandolo a questi servitori cotanto solleciti, accettava i loro giuramenti, e s'abbandonava sciaguratamente ad una cieca fiducia. In quest'istante s'odono delle grida; accorresi, e sentesi che il popolo affollato congratulava Necker di non avere assistito all'adunanza reale. Lo spavento successe tostamente alla gioja; re, e regina fecero chiamar Necker: e quegli augusti personaggi furon costretti a supplicarlo di conservare il suo ministero. Egli acconsentì; e rese alla corte una parte di quella popolarità, che avea conservata non assistendo all'adunanza funesta.

Così fu fatta la prima rivoluzione. Il terzo stato ricuperò il potere legislativo, ed i suoi nemici lo persero, perchè lo vollero serbare intiero. In pochi giorni, questa rivoluzione legislativa fu intieramente consumata.

Alcun mezzo meschino ancora adoperossi, come d'impedire le comunicazioni interne nelle sale degli stati; ma fu senza frutto. Il 24 la pluralità del clero si rese all'assemblea, e domandò la verificazione in comune, per deliberare in appresso sulle proposizioni fatte dal re nell'adunanza del 23. La minorità continuò a deliberare nella sua camera particolare. L'arcivescovo di Parigi, Juigné, virtuoso prelato, benefico al popolo, ma privilegiato ostinato, fu inseguito, e costretto a promettere la sua riunione; si condusse infatti all'assemblea nazionale accompagnato dall'arcivescovo di Bordeaux, prelato popolare, che più tardi divenne ministro.

Massimo disordine manifestossi nelle file della nobiltà. I suoi agitatori ordinari le infiammavano le passioni; d'Espréménil propose di fare un decreto contro il terzo stato, per farlo processare dal pubblico accusatore; la minorità propose la riunione. Questa proposizione fu respinta in mezzo a un tumulto. Il duca d'Orléans sostenne la proposizione, dopo aver la vigilia promesso il contrario ai Polignac.[4] Quarantasette membri, risoluti di riunirsi all'assemblea generale, malgrado la decisione della pluralità, vi si condussero in corpo, e

---

[4] Vedi Ferrières.

furono ricevuti fra la pubblica letizia. Per altro, non ostante l'allegrezza che cagionava la loro presenza, essi eran tristi d'aspetto. "Noi ce-
demmo alla nostra coscienza, disse Clermont-Tonnerre, ma con dolore ci separammo da' nostri fratelli. Veniamo a contribuire alla pubblica rigenerazione; ognun di noi vi farà conoscere il grado d'azione, che
gli è permesso dal suo mandato." Ogni giornata menava nuove riunioni, e l'assemblea vedeva accre-
scere il numero de' suoi membri. Da tutte le parti arrivavan messag-
gi esprimenti il voto e l'approvazione delle città e delle provincie.
Mounier promosse quelli del Delfinato; Parigi fece il suo; anche il
Palazzo-reale mandò una deputazione, che l'assemblea, ancora attor-
niata di pericoli, accolse per non disamorarsi la moltitudine. Non ne
prevedeva allora gli eccessi; aveva anzi bisogno di presagirne il coraggio, e sperarne l'ajuto; molte fantasie di ciò dubitavano, e l'ardimen-
to del popolo non era ancora che benevolo sogno. Quindi gli applausi delle tribune, sovente importuni all'assemblea, l'aveano pur sostenuta e non ardì d'impedirli. Bailly volle reclamare; gli fu coperto la
proposta e la voce con applausi clamorosi.

La pluralità dei nobili continuava le sue adunanze fra mezzo al
tumulto e al più furioso scatenamento. Lo spavento si sparse tra coloro che la governavano; e il segnale della riunione partì da que' medesimi, i quali persuadevanle, non ha guari, la resistenza. Ma le passioni già troppo commosse non erano agevoli a guidare. Il re fu costretto a scrivere una lettera; la corte e i grandi, furono ridotti a pregare;
"La riunione sarà passeggiera, dicevano a' più ostinati; s'avvicinano
delle schiere, cedete per salvare il re". Il consenso fu strappato fra la
confusione, e la pluralità dei nobili, accompagnata dalla minorità del
clero, si rese il 27 giugno all'assemblea generale. Il duca di
Luxembourg, parlando a nome di tutti, disse che venivano per dare,
un segno, di rispetto al re, e una prova di patriottismo alla nazione.
Bailly rispose. "La famiglia è completa". Supponendo che la riunione

fosse intiera, e che si trattasse non di verificare, ma di deliberare in comune, aggiunse: "Potremo occuparci senza indugio e senza distrazione della rigenerazione del regno e del bene pubblico". Tuttavia più d'un mezzo meschino fu messo in uso, per non parere d'aver fatto quel che la necessità gli aveva forzati a fare. I novelli venuti comparivano sempre dopo l'apertura dell'adunanze, tutti in corpo, e in guisa da sembrare un ordine. Ostentavano di stare ritti dietro al presidente, in maniera da parere di non risedere. Bailly con molta moderazione e fermezza finì col vincere tutte le resistenze, e pervenne a farli sedere. Fu tentato di disputargli pure la presidenza, non a viva forza, ma quando per negoziato segreto, quando per soverchieria. Bailly conservolla, non per ambizione, ma per dovere, e fu visto un semplice cittadino, conosciuto soltanto per le sue virtù e per li suoi meriti, presiedere a tutti i grandi del reame e della chiesa.

Era di piena evidenza che la rivoluzione legislativa era terminata. Quantunque la prima contesa non avesse altra causa che il modo di verificazione, e non la maniera di votare; quantunque gli uni avessero dichiarato di non riunirsi che per la verificazione comune, e gli altri per ubbidire all'intenzioni reali espresse il 23 giugno, era certo che il voto per capi diveniva inevitabile; ogni richiamo era dunque inutile ed imprudente. Tuttavia il cardinale di Larochefoucauld protestò in nome della minorità, e affermò di non essersi riunito, che per deliberare sugli oggetti generali, e conservando sempre il diritto di formare un ordine. L'arcivescovo di Vienna replicò vivamente; che la minorità del clero non avea potuto decidere nulla in assenza della pluralità, e non aveva diritto di parlare a nome dell'ordine. Mirabeau levossi fortemente contro questa pretensione; disse che era strano, nell'assemblea protestare contro l'assemblea; che bisognava riconoscere la sua sovranità, o andarsene.

Allora sorse la questione de' mandati imperativi. La maggior parte de' mandati esprimevano il voto degli elettori riguardo alle riforme da fare, e rendevano questo voto obbligatorio ai deputati. Avanti d'agire bisognava fissare fino a qual punto si poteva agire; questa questione doveva dunque esser la prima. Fu presa, e ripresa più volte. Alcuni volevano riferirsi a' mandanti; gli altri pensavano che da' mandanti non si potesse ricevere che la missione di votare per essi, dopo che gli oggetti fossero stati discussi, e schiariti dagl'inviati di tutta la nazione, e non credevano che si potesse ricevere avanti l'opinione già fatta. Se in vero non si reputa di poter fare la legge che in un generale consiglio, o perchè si trovin più lumi elevandosi, o perchè non si possa avere un opinione, che allor quando tutte le parti della nazione si siano intese a vicenda, ne seguita che i deputati devono esser liberi, e senza obbligatorio mandato. Mirabeau, rincarando la ragione coll'ironia gridò, che coloro i quali credevano ai mandati imperativi, avevan fatto male a venir da sè, e non avevano a far altro che posare i mandati sugli scanni, giacchè questi risederebber bene al pari di loro. Sieyes, coll'usata sagacità, prevedendo che non ostante la giustissima decisione dell'assemblea, un gran numero di membri si racchiuderebbe ne' suoi giuramenti, e, rifuggendo nella coscienza, si renderebbe invulnerabile, propose di passar oltre, per la ragione che ognuno è giudice del valore del suo giuramento. "Coloro, che si credono obbligati da' loro mandati, disse, saranno considerati come assenti, appunto come coloro che avevano ricusato di far verificare i poteri in assemblea generale." Questa savia opinione fu seguitata. L'assemblea, col costringere gli oppositori, avrebbe offerto loro de' pretesti; mentre lasciandoli liberi, era sicura di condurli a sè, perchè ormai la sua vittoria era certa.

L'oggetto della presente convocazione era la riforma dello stato, cioè lo stabilimento di una costituzione, di cui la Francia mancava, malgrado tutto quello che è stato detto. Se chiamasi così ogni sorta di relazione tra il governo e i governati, la Francia senza dubbio aveva una costituzione; un re comandava, de' sudditi obbedivano; de' ministri imprigionavano arbitrariamente; degli appaltatori succhiavano fino all'ultimo danaro del popolo; de' parlamenti condannavano degli sciagurati alla ruota. Anco i popoli più barbari hanno di questa sorta di costituzioni. V'erano stati in Francia degli stati generali, ma senza attribuzioni precise, senza convocazioni fisse, e sempre senza conseguenze. V'era stata un'autorità reale, or nulla, ora assoluta. V'erano de' tribunali o corti sovrane, che spesso accoppiavano al poter giudiciario il potere legislativo; ma non v'era nessuna legge, che ordinasse la responsabilità dei ministri del governo, la libertà della stampa, la libertà personale, tutte le garanzie alfine, che nello stato sociale ricambiano la finzione della libertà naturale.[5]

Il bisogno d'una costituzione era generalmente conosciuto e sentito; tutti i mandati l'avevano fortemente espresso, e s'erano dichiarati formalmente fin su' principii fondamentali di questa costituzione. Prescrivevano unanimemente il governo monarchico, la successione a linea mascolina, l'attribuzione esclusiva al re del potere esecutivo, la responsabilità di tutti i ministri, l'unione della nazione e del re a fare le leggi, la votazione dell'imposizioni, e la libertà personale. Ma erano divisi sulla creazione d'una, o di due camere legislative; sulla permanenza, la periodicità, la dissoluzione del corpo legislativo; sulla esistenza politica del clero, e de' parlamenti; sull'estensione della libertà della stampa. Sì fatte questioni ne' mandati o risolute, o proposte, dimostravano assai quanto lo spirito pubblico allora era desto in tutte le parti del regno, e quant'era generale ed espresso il voto della Francia per la libertà.[6] Ma il gettare un'intera costituzione in mezzo agl'impacci di una legislazione antica, a dispetto di tutte le resistenze, e colla furia disordinata delle menti, era opra grande e difficile. Oltre i dissentimenti, che dovea cagionare la diversità degl'interessi, era

---

[5] Nota 3 alla fine del volume.
[6] Nota 4 alla fine del volume.

ancora a temere la divergenza naturale dell'opinioni. Il fare un'intiera legislazione per un gran popolo, agita sì fortemente gl'intelletti, inspira loro disegni sì vasti, sì chimeriche speranze, che doveano aspettarsi proposizioni vaghe, o esagerate, ostili sovente. Per metter ordine ne' lavori, fu creata una deputazione, ingiungendole d'abbracciarne la grandezza, e di distribuirne le parti. Questa deputazione fu composta de' membri più moderati dell'assemblea. Mounier, intelletto saggio quantunque ostinato, n'era il più operoso ed influente; egli preparò l'ordine del lavoro.

La difficoltà di fare una costituzione non fu la sola che l'assemblea ebbe a vincere. Con un governo mal'intenzionato da una parte, e dall'altra con un popolo affamato che esigeva pronti sollievi, era difficile ch'ella non si mischiasse nell'amministrazione. Diffidando dell'autorità, pressata di soccorrere il popolo, dovea, anche senza ambizione, a poco a poco usurpare sul potere esecutivo. Il clero le n'avea dato l'esempio, col fare al terzo stato la proposizione insidiosa d'occuparsi immediatamente delle sussistenze. L'assemblea, appena formata, creò una deputazione delle vittovaglie, domandò ai ministri de' ragguagli su questa materia, propose di favorire la circolazione delle derrate da provincia a provincia, trasportarle a spese pubbliche ne' luoghi dove mancassero, fare dell'elemosine, e provvedervi con prendere imprestiti. I ministri fecer conoscere i provvedimenti efficaci che erano stati presi, i quali Luigi XVI, amministrator diligente, avea a tutto potere favoreggiato. Lally-Tolendal propose di far de' decreti per la libera circolazione; a cui Mounier obiettò il bisogno che tali decreti avrebbero della sanzione reale, la quale non essendo ancora regolata, ciò esporrebbe a gravi difficoltà. Così tutti gli ostacoli si riunivano. Bisognava far delle leggi, senza che le forme legislative fossero stabilite; vigilare l'amministrazione, senza invadere il potere esecutivo; e bastare a tanti rimedi, non ostante il cattivo volere dell'autorità, l'opposizione degl'interessi, la varietà delle menti, e le pretensioni d'un popolo novellamente svegliato, ed agitantesi a poche leghe dall'assemblea in seno d'un'immensa metropoli.

Assai breve spazio separa Parigi da Versailles, che si può valicare molte volte in un giorno. Tutte l'agitazioni di Parigi si facevan quindi sentire incontanente in Versailles alla corte, e all'assemblea. Parigi presentava allora uno spettacolo nuovo, e straordinario. Gli elettori, riuniti in sessanta distretti, non avean voluto disciogliersi dopo l'elezioni; e stavano adunati, o per dare istruzioni a' loro deputati, o per quel bisogno di riunirsi, d'agitarsi, che ferve sempre nel cuore degli uomini, e prorompe con più veemenza, quanto è stato più lungamente compresso. Avevano provato la medesima sorte dell'assemblea nazionale: il luogo delle loro adunanze era stato chiuso, e s'erano adunati altrove; alfine ottennero ingresso nel palazzo del comune; e là continuavano a riunirsi, e corrispondere co' deputati. Non c'erano ancora fogli pubblici che desser conto dell'adunanze dell'assemblea nazionale, e sentivasi il bisogno di ravvicinarsi, per favellare e conoscere degli avvenimenti. Il giardino del Palazzo-reale era il luogo delle radunanze più frequenti. Questo giardino magnifico, cinto de' più ricchi magazzini d'Europa, e formante una dipendenza del palazzo del duca d'Orléans, era il ricapito de' forestieri, de' viziosi, degli oziosi, e particolarmente de' grandi agitatori. Proferivansi i più arditi discorsi ne' caffè, e anche nel giardino. Si vedeva un oratore salire sopra una tavola, e radunando la folla d'intorno, infiammarla con accese parole, parole sempre impunite, perchè là la moltitudine regnava sovrana. Uomini creduti devoti al duca d'Orinatisi si mostravan de' più ardenti. Le ricchezze del principe, le prodigalità note, gli enormi prestiti presi, la vicinanza, l'ambizione per quanto vaga, tutto ha contribuito a farlo incolpare. La storia, senza notare alcun nome, può però asserire che fu sparso dell'oro. Se la parte sana della nazione voleva ardentemente la libertà, se la moltitudine inquieta e soffrente voleva agitarsi, e fare la sua sorte migliore, vi sono stati pure degl'istigatori, che han qualche volta eccitato questa moltitudine, e forse guidato alcun de' suoi colpi. Per altro quest'influenza non può contarsi fra le cause nella rivoluzione; perchè con un po' d'oro, e con segreti maneggi, non si scuote una nazione di venticinque milioni d'abitatori.

L'occasione alle turbolenze si presentò ben tosto. Le guardie francesi, scelte milizie destinate a comporre la guardia del re, stavano a Parigi. Quattro compagnie movevano alternativamente, e andavano a fare il servizio a Versailles. Oltre la barbarica severità di questa disciplina, avevano ancora a dolersi di quella del nuovo loro colonnello. Nel guasto della casa Réveillon, avevan mostrato dell'accanimento verso del popolo; ma più tardi n'avevan provato rammarico, e misti con lui tutti i giorni, avevan ceduto alle sue seduzioni. Di più, soldati e bassi ufiziali sentivano ogni carriera loro esser chiusa; erano offesi dal vedere i giovani ufiziali, non far quasi nissun servizio, non figurare che i giorni di parata, e, dopo le riviste, non accompagnare neppure il reggimento alle caserme. Era anche lì, come altrove, il terzo stato che faceva tutto, e non godeva nulla. L'indisciplina comparve, e alcuni soldati furon chiusi all'Abazzia.

Riunione al Palazzo-reale, che grida: *All'Abazzia!* La moltitudine subito vi corse, furon forzate le porte, e i soldati scarcerati, e portati in trionfo.[7] Mentre il popolo guardavali al Palazzo-reale, fu scritta una lettera all'assemblea per domandare la loro libertà. Col popolo da una parte, e dall'altra con un governo sospetto perchè agiva in causa propria, l'assemblea non poteva schivare d'intervenire, e d'usurpare autorità occupandosi di pubblica sicurezza. Prese una risoluzione accorta e prudente. Espresse a' parigini le sue brame per la conservazione dell'ordine, raccomandando loro di non turbarlo; e al tempo stesso mandò una deputazione al re per implorare la sua clemenza, come

[7] 30 giugno.

mezzo infallibile di ritornare la concordia, e la pace. Il re, mosso dalla moderazione dell'assemblea, promise clemenza quando l'ordine fosse ristabilito. Le guardie francesi furon tosto rimesse in prigione; e il re per grazia le fece subito uscire.

Tutto procedeva bene fin lì. Ma la nobiltà, riunendosi a' due ordini, aveva ceduto con rammarico, e mercè la promessa che la riunione sarebbe di breve durata. Tutti i giorni adunavasi ancora, e protestava contro i lavori dell'assemblea nazionale. Le sue adunanze erano continuamente meno numerose: il dì 3 di luglio vi furono 138 membri presenti; il 10, non passarono 93; e l'11, 80. I più ostinati per altro perseveravano, e il dì 11 aveano risoluto una protesta, che gli avvenimenti posteriori impedirono di distendere. La corte, dal canto suo, non aveva ceduto senza rincrescimento, e senza disegno. Riavutasi dallo spavento appresso l'adunanza del 23 giugno, aveva procurato la riunione generale per servirsi de' nobili ad intralciare l'andamento dell'assemblea, e per la speranza di presto scioglierla a viva forza. Necker era stato conservato, perchè coprisse, colla presenza, le trame segrete che si preparavano. Ei s'era accorto, ad una certa agitazione, alla riservatezza che usavasi verso di lui, di qualche grande macchinazione. Il re stesso non sapeva tutto, e certamente v'era l'intenzione d'andar più lungi di quel che egli bramasse. Necker, pensando che tutta l'azione di un uomo di stato dovesse ridursi a ragionare, e avendo appunto la forza necessaria a fare delle rimostranze, ne faceva inutilmente. D'accordo con Mounier, Lally-Tolendal, e Clermont-Tonnerre, meditavano tutti insieme lo stabilimento della costituzione inglese. Frattanto la corte proseguiva i preparativi segreti, e i deputati nobili, avendo voluto ritirarsi, furono trattenuti, favellando loro d'un'avvenimento vicino.

S'avvicinavano delle schiere: il vecchio maresciallo de Broglie n'avea ricevuto il comando generale; e il barone di Besenval, il comando particolare di quelle che circondavano Parigi. Quindici reggimenti,

quasi tutti stranieri, erano intorno alla capitale. La jattanza de' cortigiani rivelava il pericolo, e, questi cospiratori troppo solleciti alle
minacce, perdevano così i loro progetti. I deputati popolari trapelato
il disegno, non in tutte le parti perchè tutto non era noto, ed il re stesso non l'ha saputo che in parte, ma tale certamente che faceva presumere l'uso della violenza, n'erano irritati e pensavano a' mezzi di resistere. È ignoto, e forse rimarrà ignoto per sempre, quali e quanti sieno
stati i mezzi segreti nella sollevazione del 14 luglio: ma poco interessa. L'aristocrazia cospirava; la parte popolare poteva ben cospirare
ugualmente. Essendo i medesimi i mezzi adoperati, resta la giustizia
della causa; e la giustizia non era per coloro, che tentavano di rivolve-
re la riunione de' tre ordini, sciogliere la rappresentanza nazionale, e
incrudelire contra i deputati più coraggiosi.

Mirabeau pensò che il modo più sicuro d'intimorire l'autorità fosse
d'astringerla a discutere pubblicamente le risoluzioni, che se le vedevano prendere. Bisognava per ciò denunciarla apertamente. Se esi-
tasse a rispondere, se eludesse, era giudicata; e la nazione avvertita e
sollevata.

Mirabeau fece sospendere i lavori della costituzione, e propose di
domandare al re il ritiro delle truppe. Unì ne' suoi detti il rispetto al
monarca, co' rimproveri più severi al governo. Disse, tutti i giorni
nuove schiere s'avanzano; tutti i passi sono occupati; i ponti, i pas-
seggi son convertiti in posti militari; fatti pubblici, e fatti occulti,
ordini, e contrordini precipitati feriscono gli occhi di tutti, ed annun-
zian le guerra. Aggiungendo a questi fatti rimproveri amari: "Si
mostrano, disse, più armati minacciosi alla patria, che un nemico in-
vasore forse non scontrerebbe, e mille volte più che non si è potuto
raccoglierne per soccorrere amici, martiri della loro fedeltà, e specialmente per conservare l'alleanza Olandese, cotanto preziosa, cotanto caramente acquistata, è così vergognosamente perduta."

Il suo discorso fu subito ricoperto d'applausi. Il messaggio da lui proposto, fu risoluto; solamente, avendo domandato che, ritirate le milizie, fossero cambiate con guardie civili, quest'articolo venne tolto. La risoluzione fu presa all'unanimità, meno quattro voci. In questo messaggio, restato celebre, che è fama non aver egli scritto, ma averne suggerite tutte l'idee ad un amico, Mirabeau vaticinava quasi tutto quello che sarebbe seguito: l'infuriar della moltitudine, e il vacillar delle schiere raccostandole a' cittadini. Audace ed accorto, ardiva d'assicurare al re, che le sue promesse non sarebber fallaci: "Ci avete chiamati per la rigenerazione del regno; i vostri desiderii saranno esauditi, ad onta delle insidie, delle difficoltà, de' pericoli . . . ecc." Il messaggio fu presentato da una deputazione di ventiquattro membri. Il re, non volendo svelarsi, rispose che la riunione di quelle schiere non aveva altro oggetto, che la conservazione della pubblica tranquillità, e la protezione dovuta all'assemblea; al più, se ella nutrisse ancora de' timori, la trasferirebbe a Soisson, o a Noyon, ed egli si ritrarrebbe a Compiègne.

L'assemblea non poteva appagarsi di cotale risposta; specialmente dell'offerta d'allontanarla dalla metropoli, per metterla tra due campi. Il conte di Grillon propose di fidarsi alla parola d'un re galantuomo. "La parola d'un re galantuomo, riprese Mirabeau, è un cattivo mallevadore della condotta de' suoi ministri; il cieco fidare nei nostri re ci ha perduti; abbiamo domandato il ritiro delle truppe, e non di fuggire davanti a loro; bisogna insister sempre e senza dare respiro." Quest'opinione non fu sostenuta. Mirabeau abbastanza insisteva ne' mezzi scoperti, per perdonargli le macchinazioni segrete, se è vero che macchinazioni vi siano stato.

Era l'11 luglio; Necker avea detto più volte al re, che se i suoi servigi gli dispiacessero, prenderebbe congedo sommessamente. "Vi prendo in parola", aveva risposto il re. La sera dell'11 Necker ricevè un biglietto, ove Luigi XVI l'invitava a mantenere la sua parola, sollecitandolo a partire, e aggiungeva che si fidava tanto sopra di lui, da sperare che nasconderebbe a tutti la sua partenza. Necker, giustificando l'onorevole fiducia del monarca, partì senza avvertirne i suoi amici, e neppure la figlia, e in poche ore trovossi molto lontano da Versailles. Il giorno di poi, 12 luglio, era domenica. La voce si sparse in Parigi, che Necker era stato rimandato insieme con de Montmorin, de La Luzerne, de Puységur, e de Saint-Priest. Si nominavano per successori de Breteuil, de La Vauguyon, de Broglie, Foulon, e Damécort, noti quasi tutti come oppositori alla causa popolare. Il trambusto si sparge in Parigi. Corrono al Palazzo-reale. Un giovine, distinto appresso per la sua effervescenza repubblicana, sortito da natura anima tenera, ma bollente, Camillo Desmoulins, monta sopra una tavola, presenta delle pistole gridando: All'armi: strappa una foglia d'albero, se ne fa la coccarda, e porta gli altri a fare il somigliante. Gli alberi vanno subitamente sfrondati. Traggono ad un museo di busti di cera. Afferrano i busti di Necker e del duca d'Orléans, minacciati, dicevano, dell'esilio, e si spargono quindi per li quartieri di Parigi. Questa folla correva la via Sant'Onorato, quando scontrò, verso la piazza Vendôme, un drappello del Reale-Alemanno, che piombò sopra di lei ferendo molte persone, e, fra l'altre, un soldato delle guardie francesi. Queste, tutte volte a vantaggio del popolo, e contro il Reale-Alemanno, col quale i giorni avanti era stata accesa una rissa, stavansi alloggiate presso la piazza di Luigi XV, e fecer fuoco sul Reale Alemanno. Il principe di Lambesc, comandante di questo reggimento, si ripiegò subito sul giardino delle Tuileries, assalì la folla tranquilla che v'andava a diporto, uccise un vecchio in mezzo alla confusione, e fece sgombrare il giardino. In questo mentre le schiere che circondavano Parigi, concorrono sul campo di Marte, e sulla piazza di Luigi XV. Allora il terrore non trova confini, e si cangia in furore. Si corre la terra gridando: All'armi. La moltitudine muove a chiederne al palazzo del comune. Vi si trovavano riuniti gli elettori componenti l'assemblea generale. Danno l'armi che non potevano rifiutare, e che già s'involavano all'istante, che risolvean di darle. Questi elettori formavano in quel momento la sola autorità stabilita. Privi d'ogni potere d'agire, assunsero quelli che l'occasione lor suggeriva, e ordinarono la convocazione de' distretti. Tutti i cittadini vi si ridussero, per avvisare al mezzi di difendersi dal furore della moltitudine, e dall'assalto delle milizie reali. Nella notte il popolo, che va sempre a quel che gli giova, rompe ed arde le barriere, scaccia i commessi, e rende libere tutte l'entrate. Le botteghe degli armajoli sono spogliate. I briganti già notati presso Revéillon, che si videro in tutte le occasioni come scaturir dal terreno, riapparirono armati di picche e bastoni, e sparsero lo spavento. Questi avvenimenti seguirono nella giornata di domenica, 12 luglio, e nella notte dalla domenica al lunedì 13. La mattina del lunedì gli elettori, sempre adunati al palazzo del comune, pensarono a dare una forma più legale alla loro autorità. Chiamarono perciò il preposto de' mercanti, l'amministratore ordinario della città. Questo non consentì a cedere, che dietro ad una richiesta formale. Sì fu richiesto. Gli venne aggiunto un certo numero d'elettori, e fu composto in tal guisa un municipio, munito di tutti i poteri. Esso chiamò presso di sè il luogotenente di vigilanza, e compilò in poche ore un progetto d'armamento per la milizia civile.

Questa milizia doveva esser composta di quarantotto mila uomini forniti da' distretti. Il segno di distinzione doveva essere, invece della coccarda verde, la coccarda parigina, rossa e turchina. Ogni uomo trovato in armi con questa coccarda, senza essere ascritto alla guardia civile del suo distretto, doveva arrestarsi, disarmarsi, e punirsi. Tale fu la prima origine delle guardie nazionali. Questo progetto fu abbracciato da tutti i distretti, e s'affrettarono a metterlo in esecuzione. Nel corso della stessa mattina il popolo devastò la casa di San Lazzaro, cercando dei grani; forzò il guardaroba, per arraffare dell'armi, e, traendone in luce le vecchie armature, se le indossò. Si vide la folla, armata d'elmi e di picche, inondare le vie. Presentemente il popolo nemico dello spoglio: per l'usata mobilità ostentava disinteresse, rispettando l'oro, togliendo l'armi, ed arrestando egli stesso i briganti. Le guardie francesi, e le milizie di sentinella, offersero i loro servigi, e furono aggregate alla milizia civile. Si chiedevano sempre a piene grida dell'armi. Il preposto Flesselles, che da prima aveva resistito a' suoi concittadini, si mostrava ora zelante, e prometteva 12,000 focili nella giornata, e più per li giorni seguenti. Pretendeva d'aver fatto un contratto con un armajolo incognito. La cosa pareva difficile, pensando al breve tempo che era passato. Per altro, giunta la sera, le casse d'artiglieria annunziate da Flesselles, son condotte al palazzo del comune; ed apertele, si trovano piene di biancheria vecchia. A questa vista la moltitudine ammutinossi contro il prevosto, il quale disse d'essere stato ingannato. Per sedarla, la diresse verso i Certosini, assicurandola che vi troverebbe dell'armi. I Certosini, maravigliati, accolgono quella folla furibonda; l'introducono nel loro ritiro, e giungono a persuaderle di non posseder nulla di quello, che il preposto aveva spacciato.

Il popolo, più acceso che mai, ritorna gridando al tradimento. Per sodisfarlo, fu ordinata la fabbricazione di cinquanta mila picche. Scendono la Senna su de' battelli alcune polveri, destinate per Versailles: sono afferrate, e un elettore ne fa la distribuzione in mezzo a' più gravi pericoli.

Un'orribile confusione regnava al palazzo del comune, fatto seggio delle autorità, ufizio generale della milizia, e centro di tutte le operazioni. Bisognava insieme provvedere alla salute esterna, minacciata dalla corte; all'interna, minacciata da' briganti; quietare ad ogni momento i sospetti del popolo, che si credeva tradito, e salvare dal suo furore coloro che gl'inspiravano i sospetti. Là vedevansi vetture arrestate, vittovaglie intercette, viaggiatori che aspettavano la licenza di seguitare la via. Nella notte il palazzo del comune fu di bel nuovo assalito da' briganti; un elettore, l'audace Moreau de Saint-Méry, incaricato di vegliarvi, fece portare de' barili di polvere, e minacciò di farlo saltare in aria. I briganti a questa vista s'allontanarono. Intanto i cittadini ritirati alle loro case, stavan pronti ad ogni sorta d'attacco, avendo disselciato le vie, aperto trincee, e presi tutti i partiti da resistere ad un assedio.

Nel tempo di questi rivolgimenti della metropoli, nell'assemblea dominava la costernazione. Ella s'era adunata il 13 da mattina, in apprensione degli avvenimenti che si preparavano, ancora ignorando quel che fosse seguito a Parigi. Il deputato Mounier levossi il primo contro il congedo de' ministri. Lally-Tolendal gli successe alla tribuna, fece un magnifico elogio di Necker, e s'unirono ambedue a proporre un messaggio, per domandare al re il richiamo dei ministri congedati. Un deputato della nobiltà, de Virieu, propose anche la conferma de' decreti del 17 giugno con nuovo giuramento; alla quale Clermont-Tonnerre s'oppose come inutile; e rimembrandogli obblighi già presi dall'assemblea, sclamò: "La costituzione sarà, o noi non saremo più". Prolungandosi la discussione, si sentirono le agitazioni di Parigi della mattina del 13, e le calamità sovrastanti alla capitale, tra Francesi indisciplinati, che secondo l'espressione del duca di Larochefoucauld, non erano in balìa di persona, e stranieri disciplinati in balìa del dispotismo. Fu risoluto immantinente di spedire una deputazione al re per fargli presente la desolazione della metropoli, e pregarlo d'ordinare il ritiro delle milizie, e la creazione delle guardie civili. Il re dà una risposta fredda e tranquilla, che mal s'accordava col suo cuore, e ripete che Parigi non si poteva guardare. Allora l'assemblea crescendo a più nobil coraggio, fece un decreto memorabile, col quale insistette sul ritiro delle milizie, e la creazione delle guardie civili; dichiarò la responsabilità de' ministri e di tutti gli agenti dell'autorità; fece pesare su i consiglieri del re, *di qualunque grado* essi fossero, la responsabilità dei danni, che sovrastavano; affermò il debito pubblico, proibì di proferire il nome infame di fallimento, persistette ne' precedenti decreti, e ingiunse al presidente d'esprimere le sue condoglianze a Necker ed agli altri ministri. Dopo queste risoluzioni, piene di forza e di saviezza, l'assemblea, a preservare i suoi membri da ogni personale violenza, dichiarò l'adunanza permanente, e nominò alla vice-presidenza de Lafayette, per sollievo del venerando arcivescovo di Vienna, a cui l'età non permetteva di risedere giorno e notte. La notte del 13 al passò fra l'agitazioni e i timori. Ad ogni istante nuove funeste erano annunziate, e smentite. Non si conoscevano tutti i disegni della corte, ma si sapeva che molti deputati erano in pericolo, e che era per usarsi la violenza contro Parigi, e contro i membri più ragguardevoli dell'assemblea. L'adunanza sospesa un istante, fu ripresa alle cinque del mattino, 14 luglio. L'assemblea tornò con maestosa calma, all'opra della costituzione, discusse con molta saviezza i modi d'accelerarne l'esecuzione, e di condurla, con senno. Fu nominata una deputazione per preparare le questioni, composta del vescovo d'Autun, dell'arcivescovo di Bordeaux, di Lally, Clermont-Tonnerre, Mounier, Sieyes, Chapelier, e Bergasse. Passò il mattino; s'udivano nuove sempre più triste: dicevasi, che il re dovesse partir nella notte, e l'assemblea restare in preda de' tanti reggimenti stranieri. Nel tempo stesso erano stati visti i principi, la duchessa di Polignac e le regina passeggiare allo stanzone degli agrumi, lusingando ufiziali e soldati, e facendo loro distribuire rinfreschi. Sembra che una gran trama fosse preparata per la notte del 14 al 15; che Parigi dovesse essere assalita da sette punti, il Palazzo-reale avviluppato, disciolta l'assemblea, e la dichiarazione del 23 giugno deferita al parlamento; infine dovesse ripararsi a' bisogni dell'erario col fallimento, e colle cedole di stato. Il vero è che i comandanti delle milizie avevano avuto ordine d'avanzarsi dal 14 al 15, le cedole erano state coniate, le caserme degli Svizzeri erano piene di munizioni, e il comandante della Bastiglia l'aveva disgombra, lasciando solo in fortezza pochi, mobili indispensabili. Dopo il mezzodì i terrori dell'assemblea si raddoppiarono; era stato visto passare il Principe di Lambesc a briglia sciolta; s'udiva il tuonar del cannone, si chinava l'orecchio a terra per raccogliere i minimi moti. Mirabeau propose allora di sospendere ogni discussione, e di spedire una seconda deputazione al re. La deputazione partì di presente per far nuove premure. Al momento, due membri dell'assemblea giunti da Parigi a gran fretta, annunziarono che là uccidevansi; un di loro narrò d'aver visto un cadavere decapitato, vestito di nero. Annottava; fu annunziato l'arrivo di due elettori. Silenzio profondo riempieva la sala; s'udiva il batter de' passi nell'oscurità; si seppe per loro bocca la Bastiglia assalita, acceso il cannone, il sangue versare, e il pericolo d'estremi mali. A un tratto nuova deputazione fu spedita avanti il ritorno dell'altra. Mentre questa partiva, la prima tornava colla risposta del re. Egli aveva ordinato, diceva, il ritiro delle milizie stanziate al Campo di Marte, e, avendo sentito la formazione della guardia civile, aveva nominato degli ufiziali per comandarla.

All'arrivo della seconda deputazione, il re sempre più agitato, disse: "Signori, mi lacerate vie più il cuore col raccontarmi le calamità di Parigi. Non è possibile, che gli ordini dati alle milizie, ne siano la cagione." Non era ancora stato ottenuto altro, che il ritiro dell'esercito. Erano le due dopo mezza notte. Fu risposto al comune di Parigi "che due deputazioni erano state mandate, e che l'istanze sarebbersi rinnuovate il giorno dopo, fintanto che non si fosse ottenuto l'intento che di ragione speravasi dai cuore del re, quando stranieri impulsi non ne comprimessero i moti". L'adunanza fu sospesa un momento, e la sera si seppero gli avvenimenti della giornata del 14.

Il popolo, nella notte del 13, s'era tratto alla Bastiglia; alcuni colpi di focile furono scaricati, e sembra che istigatori avessero molte fiate proferito il grido: *Alla Bastiglia!* Le brame della sua distruzione trovavansi in alcuni mandati; così le fantasie avevano innanzi preso quella volta. Si damandavano sempre dell'armi. S'era sparsa la voce che il palazzo degl'Invalidi ne contenesse un forte deposito. Ratto vi corsero;

ma il comandante, de Sombreuil, ne fece vietare l'ingresso, dicendo di dover chiedere ordini da Versailles. Il popolo niente ascolta, si precipita nel Palazzo, toglie i cannoni, e una gran quantità di focili. Già in questo mentre una grossa folla assiedava la Bastiglia. Gli assediatori dicevano che i cannoni della fortezza eran volti sulla città, e bisognava impedirli di tirare. Un deputato di distretto chiese al comandante d'essere introdotto nel castello, e l'ottenne. Ne fece la visita, e vi trovò trentadue Svizzeri, e ottantadue invalidi, e ricevè parola dalla guarnigione di non far fuoco, se non fosse assalita. In tempo di questi colloqui, il popolo, non vedendo ricomparire il suo deputato, cominciò ad inasprirsi; e questo fu costretto a mostrarsi per quietare la moltitudine. Ritirossi alfine verso le undici del mattino. Era appena passata una mezz'ora, che una nuova truppa s'avanza armata gridando: "Vogliamo la Bastiglia!" La guarnigione intima agli assalitori di ritirarsi, ma il rifiutano. Due uomini salgono intrepidi sul tetto del corpo di guardia, e rotta a colpi d'ascia la catena del ponte, lo calano giù; la folla vi si scaglia, e corre ad un secondo ponte, per varcarlo parimente. Ad un tratto una scarica di moschetteria l'arresta. Si ritrea, ma fa fuoco. Il combattimento dura alcuni minuti. Gli elettori, riuniti al palazzo del comune, sentendo i colpi della moschetteria, entrati in maggiore apprensione, spedirono due deputazioni una appresso l'altra, per intimare al comandante di lasciare entrare nella fortezza una brigata di milizia parigina, per la ragione che tutta la forza militare di Parigi doveva essere in mano della città. Arrivano successivamente le due deputazioni. In mezzo a quel popolare assedio era difficilissimo il farsi intendere. Lo strepito del tamburo, la vista di un'insegna sospesero alquanto il fuoco. I deputati s'avanzano; la guarnigione gli attende; ma è impossibile di spiegarsi. Furon tirati de' colpi di moschetto, non si sa donde. Il popolo, tenendosi tradito, si precipita per dar fuoco alla fortezza; la guarnigione scarica allora a mitraglia. Giungono le guardie francesi con dei cannoni, e cominciano un attacco formale.

In questo mezzo fu intercetto un biglietto, spedito dal barone di Besenval a Delaunay comandante della Bastiglia, e letto al palazzo del comune. Besenval confortava Delaunay a resistere, assicurandolo che presto sarebbe soccorso. Veramente in quella sera dovevano consumarsi le macchinazioni della corte. Intanto Delaunay non vedendo il soccorso, e vedendo l'accanimento del popolo, piglia una miccia accesa per far saltare in aria la fortezza. La guarnigione vi si oppone, e lo costringe a rendersi. Son dati i segnali, e calato un ponte. Gli assediatori s'appressano, promettendo di non fare alcun male; ma la folla prorompe e invade i cortili. Gli Svizzeri giungono a salvarsi. Gli invalidi sono assaliti, e non vengono ritolti al popolare furore, che per lo zelo delle guardie francesi. Allora s'appresenta una donzella, bella, giovinetta, e tremante, che creduta figlia di Delaunay viene afferrata; ed era per esser arsa, quando un prode soldato si scaglia, la strappa ai furiosi, corre a metterla in salvo, e torna alla zuffa.

Erano le cinque e mezzo. Gli elettori stavano nella più crudele anzietà, quando sentono un sordo e prolungato romore. ingombra una folla, gridando vittoria. È invasa la sala; una guardia francese coperta di ferite, coronata di alloro, è portata in trionfo dal popolo. Il regolamento, e le chiavi della Bastiglia stanno in cima d'una baionetta; una mano sanguinosa, alzandosi sopra la folla, mostra una fibbia di cravatta; era quella del comandante Delaunay, che era stato decapitato. Due guardie francesi, Élie, e Hullin, l'avevan difeso fin'all'ultimo estremo. Altre vittime eran cadute, quantunque con eroismo difese dalla ferocia del volgo. Un sembiante di furore cominciava ad apparire contro Flesselles, prevosto de' mercanti, accusato di tradimento. Si pretendeva che avesse ingannato il popolo, promettendogli molte volte dell'armi, mentre non glie le voleva dare. La sala era piena d'uomini tutti bollenti dal lungo combattere, e incalzati da cento mila altri rimasti fuori che volevano entrare. Gli elettori si sforzavano di giustificare Flesselles agli occhi della moltitudine. Egli avviava a smarrire il coraggio, e già divenuto pallido, disse: "Giacchè io son sospetto, mi licenzierò." – "No, gli fu risposto, vieni al Palazzo-reale, per esservi giudicato." Discende allora per andare. La moltitudine s'agita, l'attornia, l'incalza. Arrivato al lungo-Senna Pelletier, un incognito lo stende con un colpo di pistola. Si pretende che fosse stata trovata una lettera addosso a Delaunay, nella quale Flesselles gli diceva: "Resistete, intanto che io tengo a bada i Parigini con delle coccarde."

Tali erano stati i fatali avvenimenti di questa giornata. Un moto di terrore successe tosto all'ebbrezza della vittoria. I vincitori della Bastiglia, sorpresi della loro audacia, credevano di ritrovare il giorno dopo l'autorità formidabile, e non ardivano di mostrarsi. Ad ogni momento si divulgava, che le squadre s'avanzavano per mettere a sacco Parigi. Moreau de Saint-Méry, quegli che il giorno avanti aveva minacciato a' briganti di far saltare in aria il palazzo del comune, restò inalterabile, e spedì più di tremila ordini in poche ore. Appena la presa della Bastiglia fu nota al palazzo del comune, gli elettori n'avevano informato l'assemblea, che l'aveva saputo verso la mezza notte. L'adunanza era sospesa, ma la novella si sparse con celerità. La corte fin allora non credendo al coraggio del popolo, rideva degli sforzi d'una moltitudine cieca, che presumeva di prendere una fortezza invano assediata altra volta dal gran Condé; e viveva secura, e si diffondeva in motteggi. Intanto il re avviava a essere inquieto; l'ultime sue risposte rivelavano anche il suo dolore. Era andato a letto. Il duca di Liancourt, sì noto per li suoi sensi generosi, era l'amico particolare di Luigi XVI, e, nella qualità di gran mastro del guardaroba, aveva sempre accesso presso di lui. Informato degli avvenimenti di Parigi, corse subito appresso il monarca, destollo malgrado i ministri, e gli contò quel che era seguito. – Che rivolta! esclamò il prence – Sire, riprese il duca di Liancourt, dite che rivoluzione! Il re, illuminato dalle sue rimostranze, consentì a rendersi nella mattina all'assemblea.

La corte cede parimente, e quest'atto di confidenza fu deciso. In questo mezzo l'assemblea aveva riaperto l'adunanza. Erano ignorate le nuove intenzioni inspirate al re, e tratta vasi di spedir lui un'ultima deputazione, per cercare di muoverlo, e d'ottener tutto quello che restava a concedere. Era la quinta deputazione, dal principio di questi funesti avvenimenti. Componevasi di ventiquattro membri, e stava per partire, allorché Mirabeau, più veemente che mai, la ferma esclamando: "Dite al re, sì, ditegli, che le torme straniere, da cui siamo attorniati, riceverono jeri la visita de' principi, e delle principesse, de' favoriti, e delle favorite; e lor carezze, e lor conforti, e loro presenti. Ditegli, che per tutta la notte, questi stranieri satelliti, ebbri d'oro e di vino, hanno vaticinato ne' loro empi canti la servitù della Francia; e nei loro voti brutali, invocato la distruzione dell'assemblea nazionale. Ditegli, che fin nella reggia, i suoi cortigiani hanno misto le danze al suono di questa barbara musica, e che tale fu il preludio del San Bartolomeo!

Ditegli, che quell'Enrico, di cui l'universo benedice alla memoria, quello fra i suoi avi, ch'egli si proponeva a modello, faceva passare de' viveri in Parigi ribelle da lui assediata in persona; e che i suoi consiglieri feroci respingono addietro le farine, che il commercio procura a Parigi fedele e affamata."

La deputazione rendevasi presso del re, quando si sente, che egli arriva spontaneo, senza guardie, e senza scorta. Risuonano applausi: "Aspettate, ripiglia Mirabeau gravemente, che il re ci faccia conoscere le sue buone intenzioni. Un cupo silenzio sia la prima accoglienza fatta al monarca in questo momento di dolore. Il silenzio dei popoli è la lezione dei re!"

Luigi XVI si presenta accompagnato dai suoi due fratelli. Il suo discorso, semplice e tenero, eccita vivissimo entusiasmo. Egli rassicura l'assemblea, che nomina per la prima volta assemblea nazionale; si duole con dolcezza delle diffidenze state concepite: "Voi avete temuto, dic'egli; ebbene! son io che mi fido di voi." Queste parole son coperte d'applausi. Tostamente i deputati s'alzano, circondano il monarca, e lo raccompagnano a piedi fino al castello. La folla gli preme d'intorno, cadono le lagrime a tutti gli occhi, ed egli può a fatica aprirsi un passaggio a traverso di questo numeroso corteggio. La regina in quell'ora, ad un balcone colla corte, rimira da lungi quello spettacolo commovente. Il figlio tra le braccia, la figlia in piedi da lato, questa prendeva sollazzo ingenuo dalle chiome del fratello. La principessa, vivamente commossa, sembrava godere in quell'amor de' Francesi. Ah! quante volte una tenerezza vicendevole non ha riconciliato i cuori nel giro di queste funeste discordie! In un istante tutto sembrava obliato; ma il giorno appresso, il medesimo giorno, la corte tornava al suo orgoglio, il popolo a' suoi sospetti, e l'odio implacabile riprendeva il suo pasto.

La pace era fatta coll'assemblea, restava a farla con Parigi. L'assemblea mandò subitamente una deputazione al palazzo del comune, ad annunziare la felice novella della riconciliazione avvenuta col re. Bailly, Lafayette, Lally-Tolendal, erano del numero de' deputati. La loro presenza diffuse la più viva allegrezza. Il discorso di Lally fece nascere de' trasporti di gioia sì viva, che e' fu portato in trionfo ad una finestra del palazzo per mostrarlo al popolo. Gli fu posto in capo una corona di fiori, e ricevè questi onori in faccia a quella medesima piazza, ov'era spirato il padre con una sbarra alla bocca. La morte dello sventurato Flesselles, capo del municipio, ed il rifiuto del duca d'Anmont d'accettare il comando della milizia civile, lasciavano da nominare un prevosto, e un comandante generale. Fu proposto Bailly, e in mezzo alle più vive acclamazioni nominato successore di Flesselles, col titolo di gonfaloniere di Parigi. La corona, che avea cinto il capo di Lally, cinse quello del novello gonfaloniere: ei tentò di levarsela, ma l'arcivescovo di Parigi gliele ritenne suo mal grado. Il virtuoso vecchio versò allora delle lagrime, ed acquietossi a questo novello incarico. Degno rappresentante d'una grande assemblea, di fronte alla maestà del soglio, era men capace per resister alle procelle d'un comune, ove la moltitudine lottava tumultuariamente contro i suoi magistrati. Facendo non di meno sacrificio di se stesso, andava a consecrarsi alla cura sì difficile delle vittovaglie, per nutrire un popolo che doveva pagarlo di tanta ingratitudine. Restava a nominare un comandante della milizia civile. Era nella sala un busto, mandato dall'America libera alla città di Parigi. Moreau di Saint-Méry accennollo della mano; tutti gli occhi vi si rivolsero; era quello del marchese de Lafayette. Un grido generale il proclamò comandante. Fu decretato subito un *Te Deum*, e andarono tutti in folla a Nostra Donna. I nuovi magistrati, l'arcivescovo di Parigi, gli elettori, insieme con delle guardie francesi, de' soldati della milizia civile, marciando a braccio gli uni degli altri, andarono all'antica cattedrale, in una specie d'inebriamento. Sulla via, de' fanciulli esposti si prostrarono a' piedi di Bailly, che tanto aveva faticato in vantaggio degli ospedali, e l'appellarono padre. Bailly li strinse fra le braccia, chiamandoli figli. Giunti alla chiesa, fu celebrata la cerimonia, e poi ognuno si sparse per la città, ove una letizia inebriante era successa al terrore del giorno avanti. In questa il popolo andava a visitare l'antro sì lungamente temuto, il cui ingresso era presentemente aperto. Percorrevasi la Bastiglia con una bramosa curiosità, ed una sorta di terrore. Cercavansi gli strumenti di supplizio, le segrete profonde. Si veniva a vedere massimamente un enorme masso, stante in mezzo ad un'oscura ed umida prigione, nel centro del quale era piantata una pesante catena.

La corte, cieca ne' suoi timori com'era stata nella fidanza, temeva sì fortemente il popolo, che ad ogni momento s'imaginava un esercito parigino marciante a Versailles. Il conte d'Artois, la famiglia de Polignac tanto cara alla regina, abbandonarono allora la Francia, e furono i primi emigrati. Bailly venne a rassicurare il re, e lo persuase a andare a Parigi; ciò che fu risoluto, ad onta della resistenza della regina, e della corte.

Il re si preparò a partire. Due cento deputati furono mandati ad accompagnarlo. La regina gli diede l'addio con profondo dolore. Le guardie del corpo lo scortarono fino a Sèvres, ove rimasero a riaspettarlo. Bailly, alla testa del municipio, l'accolse alle porte di Parigi, presentandogli le chiavi offerte già altra volta ad Enrico IV. "Quel buon re, disse Bailly, aveva conquistato il suo popolo; oggi il popolo ha riconquistato il suo re." La nazione, legislatrice a Versailles, era armata a Parigi. Luigi XVI, entrando, si vide attorniato da una moltitudine muta e schierata. Giunse al palazzo del comune[8] passando sotto un cielo di spade, incrociate sopra al suo capo in segno d'onore. Il suo discorso fu semplice e commovente. Il popolo non potendo più raffrenarsi, proruppe alfine, e porse al re gli applausi usati. Quelle acclamazioni alleviarono un poco il cuore del prencipe: e' non valse però a celare un moto d'allegrezza allo scoprire le guardie del corpo stanziate sulle alture di Sèvres; e, al ritorno, la regina gettandoseli al collo, l'abbracciò come se avesse temuto di non rivederlo più.

Luigi XVI, per appagare intieramente le brame del pubblico, ordinò il richiamo di Necker, e il congedo de' nuovi ministri. De Liancourt, amico del re e suo provido consigliere, fu eletto presidente dall'assemblea. I deputati nobili, che pur assistendo alle deliberazioni, ricusavano ancora di prendervi parte, cedero alfine, e resero il loro voto. Così fu ultimata la fusione degli ordini. Da questo istante la rivoluzione si potè considerare come finita. La nazione, signora del potere legislativo per l'assemblea, della forza pubblica per sè medesima, poteva ormai operare tutto quanto era giovevole a' suoi interessi. Col negare l'uguaglianza delle imposizioni, si resero necessari gli stati generali. Col negare una giusta parte d'autorità a questi stati, fu

---

[8] 17 luglio.

perduto sopra i medesimi ogni potere. Finalmente col volere ricuperare questo potere, fu fatta sollevare Parigi, e provocata l'intiera nazione ad impadronirsi della forza pubblica.

# CAPITOLO TERZO

Lavori del municipio di Parigi. – Lafayette comandante della guardia nazionale; suo carattere, e sua parte alla rivoluzione. – Uccisioni di Foulon e di Berthier. – Ritorno di Necker. – Condizione e divisione dei partiti, e loro capi. – Mirabeau: suo carattere, mente e disegni. – I briganti. – Tumulti nelle provincie e nelle campagne. – Notte del 4 agosto. – Abolizione de' diritti feudali, e di tutti i privilegi. – Dichiarazione de' diritti dell'uomo. – Discussioni sulla costituzione e sul divieto. – Agitazione di Parigi. Riunione tumultuaria al Palazzo-reale.

Tutto agitavasi in seno della metropoli, ove una novella autorità era sorta. Il moto medesimo che portò gli elettori ad agire, spinse tutti gli ordini a fare il somigliante. L'assemblea era stata imitata dal comune; il comune, da' distretti; e i distretti, da tutte le corporazioni. I sarti, i calzolaj, i fornaj, i servitori, adunati al Louvre, in piazza di Luigi XV, a' Campi Elisi, deliberavano formalmente, ad onta delle ripetute proibizioni del municipio. In mezzo a questi moti differenti il comune, combattuto da' distretti, tormentato dal Palazzo-reale, si trovava cinto d'ostacoli, e poteva appena bastare alle cure della sua immensa amministrazione. Riuniva in sè solo l'autorità civile, giudiciale, e militare. L'ufizio generale della milizia civile era lì. I giudici, nel primo momento incerti di loro attribuzioni, gli mandavano gli accusati. Aveva anche l'autorità legislativa, giacchè doveva procurarsi una costituzione. Bailly a tale oggetto aveva chiesto ad ogni distretto due deputati, che col nome di rappresentanti del comune dovevano formare la costituzione. Per riparare a tante brighe, gli elettori s'erano divisi in più deputazioni: una, chiamata di ricerche, s'occupava della vigilanza; un'altra, chiamata delle vittovaglie, s'occupava delle provvisioni, impresa la più ardua e la più pericolosa di tutte. Bailly fu costretto d'occuparsene giorno e notte. Bisognava fare continui acquisti di grani, farli macinare, e farli portare in Parigi tragittando campagne affamate. I convogli spesso arrestati; e scorte numerose occorrevano per impedirne lo spoglio per la via e su i mercati. Quantunque lo stato vendesse i grani a scapito, affinchè i fornaj potessero abbassare il prezzo del pane, la moltitudine non era contenta: bisognava sempre diminuire questo prezzo; e la carestia di Parigi cresceva per questa stessa diminuzione, giacchè la campagne v'accorrevano a provvedersi. I timori del giorno dopo muovevan ognuno a provvedersi con copia, e quanto s'accumulava nelle mani degli uni, tanto mancava per gli altri. La fiducia accelera gli affari commerciali, fa giungere le derrate, e ne rende la distribuzione facile e eguale; ma quando la fiducia sparisce, l'attività commerciale cessa; gli oggetti non giungono più innanzi a' bisogni, questi s'inaspriscono, e, aggiungendo la confusione alla carestia, impediscono la buona distribuzione del poco che resta. La cura delle vittovaglie era dunque la più penosa di tutte. Crudi pensieri divoravano Bailly e la deputazione. Tutta l'opra d'un giorno bastava appena ai consumi d'un giorno, e bisognava ricominciare il dimane con uguali inquietudini.

Lafayette, comandante della milizia civile,[1] non aveva minori fatiche. Aveva incorporato in questa milizia le guardie francesi amiche alla rivoluzione, un certo numero di Svizzeri, e molta quantità di soldati che disertavano i reggimenti, nella speranza d'un soldo più forte. Il re n'aveva dato anche la facoltà. Queste genti riunite formarono quelle che chiamaronsi, compagnie del centro. La milizia civile prese il nome di *guardia nazionale*, vestì la divisa, e aggiunse a' due colori rosso e turchino della coccarda parigina, il color bianco, che era quel-

---

[1] Era stato nominato a quest'ufizio il 15 luglio, al palazzo del comune.

lo del re. Questa fu quella coccarda tricolore, di cui Lafayetle vaticinando i destini, predisse che farebbe il giro del mondo.

Alla testa di questa milizia Lafayette si sforzò per due anni continui di conservare la pubblica tranquillità, e fare eseguire le leggi che l'assemblea giornalmente decretava. Lafayette, nato d'antica famiglia vissuta pura in mezzo alla corruzione de' grandi, dotato di retto spirito e d'anima ferma, amante di vera gloria, aveva sdegnato le frivolezze di corte, e la pedantesca disciplina de' nostri eserciti. La sua patria non offrendogli nulla di nobile da tentare, si volse all'impresa più generosa del secolo, e partì per l'America un giorno appresso alla fama divulgata in Europa che fosse vinta. Combattè al fianco di Vasintono, e decise la liberazione del Nuovo Mondo per l'alleanza della Francia. Tornato in patria con nome europeo, accolto in corte come una maraviglia, mostrossi semplice e libero al par di un americano. Allorchè la filosofia, la quale non era stata per nobili oziosi che un divertimento di spirito, richiese da loro de' sacrifizi, Lafayette quasi solo restò saldo alle proprie opinioni, chiese gli stati generali, oprò potentemente alla riunione degli ordini, e fu nominato per ricompensa comandante generale della guardia nazionale. Lafayette non aveva le passioni e la mente che fanno spesso abusare della potenza: d'anima sempre eguale, di sottile intelletto, d'un sistema di disinteresse invariabile, era acconcio superiormente all'ufizio che le circostanze gli preparavano, quello di fare eseguire le leggi. Adorato dalle schiere senza averle affascinate colla vittoria, forte di calma e di consigli in mezzo ai furori della moltitudine, serbava l'ordine con infaticabile vigilanza. I partiti, che lui trovarono incorruttibile, il tacciarono d'inabilità, non potendo tacciarne il carattere. Egli però non sfalliva sugli avvenimenti, e sugli uomini: non pregiava la corte e i capi di parte più del loro valore, proteggevali con pericolo della vita senza stimarli, e lottava sovente, fuor di speranza contro le fazioni, ma colla fermezza d'un uomo che non deve giammai disertare la cosa pubblica, neppure quando più non spera per quella.

Lafayette, ad onta della sua vigilanza, non giunse sempre a frenare i popolari furori. Che per quanto sia attiva la forza, ella non può esser presente per tutto, contro un popolo ovunque sollevato che veda in ciascun uomo un nemico. Ad ogni momento le più ridicole voci erano propagate, e credute. Ora dicevasi che le guardie francesi fossero avvelenate, le farine malignamente adulterate, o ne fosse frastornato l'arrivo; e coloro che portavano le maggiori cure per procacciarle alla metropoli, erano costretti a difendersi avanti d'un popolo cieco che li colmava d'oltraggi, o li copriva d'applausi, secondo l'umor del momento. Pure egli è certo che il furore del popolo, il quale generalmente non sa nè scegliere nè ricercar lungamente le vittime, parve guidato sovente o da miserabili, pagati come fu fama per rendere più gravi i tumulti insanguinandoli, o solo da uomini più cupamente malvagi. Foulon e Berthier furono perseguiti e arrestati lontani da Parigi, con evidente proposito. Non vi fu di spontaneo verso di loro, che il furore della moltitudine che gli uccise. Foulon, antico intendente, uomo duro ed avido, aveva commesso orribili concussioni, ed era stato un de' ministri destinati per successori di Necker e suoi colleghi. Fu arrestato a Vary, quantunque avesse dato voce della propria morte, e condotto a Parigi, rimprocciandolo d'aver detto, che bisognava far mangiare al popolo del fieno. Gli fu messo al collo dell'ortica, un mazzo di cardi in mano, e un fastello di fieno sul dorso. In questa foggia fu tratto al palazzo del comune. Al tempo medesimo Berthier de Sauvigny, suo genero, fu arrestato a Compiègne, per pretesi ordini del comune di Parigi, che non gli aveva dati. Il comune scrisse subito che fosse rilasciato; ma non fu fatto. Fu avviato a Parigi nel momento in che Foulon era al palazzo del comune, segno alla rabbia de' furiosi. Il volgo voleva ucciderlo; le rimostranze di Lafayette l'avevano un po' mitigato, e consentiva che Foulon fosse giudicato; ma dimandava che il giudizio fosse fatto nel

momento, per goder subito dell'esecuzione. Alcuni elettori erano stati
scelti per far da giudici; ma sotto diversi colori avevano rifiutato quella terribile magistratura. In ultimo erano stati deputati Bailly e
Lafayette, i quali eran ridotti a la crudele estremità, o d'esporsi alla
rabbia del volgo, o di sagrificare una vittima. Intanto Lafayette con
molt'arte e fermezza badava ancora; aveva più fiate rivolto la parola
con frutto alla moltitudine. Il misero Foulon, stando sopra una sedia
accanto a lui, ebbe l'imprudenza d'applaudire alle sue ultime parole.
"Vedete, disse un testimone, son d'accordo!" A queste parole la folla
agitata si scaglia addosso a Foulon. Lafayette fece sforzi incredibili per
sottrarlo agli assassini; gli fu rapito di nuovo, e lo sfortunato vecchio
fu impiccato a un lampione. Gli fu troncato la testa, e messa in cima
ad una picca, fu portata attorno per Parigi. In questa Berthier arriva-
va in un calesso, condotto dalie guardie, e inseguito dalla moltitudine. Gli fu mostro la sanguinosa testa, senza che sospettasse, che fosse
quella del suocero. Condotto al palazzo del comune, vi pronunziò
poche parole, piene di coraggio e d'indignazione. Ghermito di nuovo
dalla moltitudine, si sghermisce un momento, afferra un'arme, si
difende con furore, e cade ben tosto come lo sfortunato Foulon.[2]
Queste stragi furono cagionate da nemici, o di Foulon, o della cosa
pubblica; perchè se il furore del popolo alla lor vista fu spontaneo,
come la maggior parte de' suoi moti, il loro arresto fu preparato.
Lafayette, compreso di dolore e di sdegno, risolvè di presentare la sua
rinunzia. Bailly, e il municipio, desolati di questo pensiero, affretta-
ronsi di svolgerlo. Allora fu convenuto che egli la presentasse, per far
sentire al popolo il suo disdegno, ma che si lascerebbe vincere dalle
istanze, che non mancherebbero di farglisi. Infatti il popolo e la milizia civile lo circuirono, promettendogli la maggiore obbedienza. Egli
riprese il comando a questi patti; e d'allora in poi ebbe la consolazio-

---

[2] Questi casi seguirono il 22 luglio.

ne d'impedire la maggior parte de' tumulti, in virtù del proprio coraggio, e dell'affezione delle sue genti.

In questo intervallo, Necker aveva ricevuto a Basilea gli ordini del re, e l'istanze dell'assemblea. Il Polignac, che aveva lasciato trionfanti a Versailles, e incontrò profughi a Basilea, furono i primi a narrargli le sventure del trono, e la subita vicenda di fortuna, che l'attendeva. Si mise in viaggio, e tragittò la Francia portato in trionfo dal popolo, al quale secondo il suo costume consigliava la pace, e l'ordine. Il re l'accolse con confusione, l'assemblea con ansietà, ed egli risolvette d'andare a Parigi, ove pure doveva godere il suo giorno di trionfo. Il disegno di Necker era di chiedere agli elettori grazia e libertà al barone di Besenval, benchè suo nemico. Invano Bailly, non meno schivo di lui dagli atti di rigore, ma più giusto estimatore delle cose, gli rappresentò il pericolo di quel passo, e gli fece conoscere, che simil favore ottenuto nella foga, sarebbe revocato il giorno appresso come illegale, non potendo un corpo amministrativo nè condannare, nè graziare. Necker si ostinò, e fece la prova del suo potere nella metropoli. Si condusse al palazzo del comune il 30 luglio. Le sue speranze furono sorpassate, e potè credersi potentissimo alla vista de' trasporti della moltitudine. Tutto commosso, pieno gli occhi di lagrime, domandò un indulto generale, che fu incontanente assentito per acclamazione. Le due assemblee degli elettori e de' rappresentanti, si mostrarono egualmente sollecite: gli elettori decretarono l'indulto generale, i rappresentanti del comune ordinarono la liberazione di Besenval. Necker si ritrasse nel gaudio, prendendo per sè gli applausi, che si porgevano alla sua disgrazia. Ma da questo giorno era per restare disingannato: Mirabeau gli preparava una fiera riscossa. Nell'assemblea, nei distretti, un grido generale s'alzò contro l'indulgenza del ministro, scusabile, dicevasi, ma mal'intesa. Il distretto dell'Oratorio, eccitato per quanto si dice da Mirabeau, fu il primo a reclamare. Tutti sostennero, che un corpo amministrativo non poteva nè condannare, nè assolvere. La risoluzione illegale del palazzo del comune fu revocata, e la detenzione del barone di Besenval confermata. Così avverassi il consiglio del savio Bailly, che Necker non volle seguire. I partiti cominciavano a meglio chiarirsi. I parlamenti, la nobiltà, il clero, la corte, minacciati tutti d'una ruina, avevan confuso i loro interessi, ed agivano di concerto. Non v'era più alla corte, nè il conte d'Artois, nè i Polignac. Una sorta di costernazione, mista di disperazione, dominava nell'aristocrazia. Non avendo potuto impedire quello che ella chiamava il male, desiderava al presente che il popolo ne commettesse più che fosse possibile, affine di ricondurre il bene per l'eccesso stesso del male. Questo sistema, generato di dispetto e di perfidia, che si chiama pessimismo politico, sorge presso le fazioni quando hanno sofferto tante perdite, da rinunziare a quello che resta, colla speranza di riguadagnar tutto. L'aristrocrazia si mise quind'innanzi, ad usarlo, e spesso si fece vedere dare i suffragi coi membri più violenti della parte popolare.

Le occasioni fanno sorgere gli uomini. Il periglio della nobiltà, le fece nascere il suo difensore. Il giovine Cazalès, capitano ne' dragoni della regina, trovò in se una forza di spirito, e una facilità d'espressione improvvise. Preciso e semplice, diceva prontamente e convenientemente quello che era opportuno di dire; ed è a dolere che l'ingegno suo così destro si consacrasse ad una causa, la quale non ha avuto ragioni da far valere, che dopo d'essere stata perseguitata. Il clero trovò il suo difensore nell'abate Maury. Quest'abate, sofista esercitato, ed inesauribile, aveva dell'arguzie felici e sangue freddo; sapeva resistere coraggiosamente al tumulto, e audacemente all'evidenza. Tali erano i mezzi e le intenzioni dell'aristocrazia.

I ministri erano sforniti di mire e di consigli. Il solo Necker, odiato dalla corte che il soffriva di mal cuore, aveva non un disegno, ma una brama. Aveva sempre bramato la costituzione inglese, la migliore senza fallo che si potesse abbracciare come accomodamento fra il trono, l'aristocrazia, e il popolo; ma questa costituzione, proposta dal vescovo di Langres avanti lo stabilimento d'una sola assemblea, e rifiutata da' primi ordini, era diventata impossibile. L'alta nobiltà non voleva le due camere, perchè sarebbe stata una transazione; la bassa nobiltà, perchè non poteva entrare nella camera alta; la parte popolare; perchè temendo ancor tutto dall'aristocrazia, non voleva lasciarle nissuno potere. Alcuni deputati solamente, altri per moderazione, altri come seguaci di quest'idea, desideravano le instituzioni inglesi, e formavano tutta la parte de' ministri, parte impotente, come quella che non offeriva altro che termini conciliatorii a passioni infiammate, e non presentava altro a' suoi nemici, che ragionamenti, e nissun mezzo d'azione.

La parte popolare cominciava a dividersi, perchè cominciava a vincere. Lally-Tolendal, Mounier, Mallouet, e gli altri fautori di Necker, approvavano tutto quel che era stato fatto fin lì, perchè quel che era stato fatto, aveva condotto il governo di loro idea, cioè la costituzione inglese. Presentemente credevano, che bastasse; e riconciliati coll'autorità, volevan fermarsi. La parte popolare al contrario, non credeva di dover ancora fermarsi. Agitavasi con più veemenza all'assemblea Bretone.[3] Una persuasione sincera moveva il maggior numero dei suoi membri; pretensioni personali cominciavano però a mostrarvisi, e già i moti dell'interesse particolare succedevano ai primi sfoghi di patriottismo. Barnave, giovine avvocato di Grenoble, dotato d'ingegno chiaro e spontaneo, e possedendo altamente il dono del bel dire, formava coi due Lameth un triunvirato, che interessava per la sua gioventù, e valse ben tosto per l'attività, e per l'intelletto. Duport, il giovine consigliere che si è visto già figurare al parlamento, faceva

---

[3] Quest'assemblea era formata negli ultimi giorni di giugno. Chiamossi più tardi *Società degli amici della Costituzione*.

parte della loro società. Fu detto allora, che Duport pensava quel che si doveva fare, Barnave il diceva, e i Lameth l'eseguivano. Pure questi giovani deputati erano amici tra loro, senz'essere ancora nemici espressi d'alcuno.

Il più audace fra i capi popolari, quello che sempre il primo apriva le deliberazioni più audaci, era Mirabeau.[4] L'assurde istituzioni della vecchia monarchia, avevan offeso delle menti assennate, e sdegnato de' cuori retti; ma non era possibile, che non avesser piagato qualche anima ardente, e vulnerato grandi passioni. Quest'anima ardente fu quella di Mirabeau, che scontrando da' suoi natali tutti i dispotismi, del padre, del governa, e de' tribunali, passò la gioventù nel combatterli e nell'odiarli. Nacque sotto il sole di Provenza, di famiglia nobile. Di buon'ora si rese noto per i disordini, le querele, e l'eloquenza veemente. Dai viaggi, dall'osservazioni, dall'immense letture, tutto aveva appreso e tutto avea ritenuto. Ma eccessivo, bizzarro, sofista, pure quando non era sostenuto dalla passione, appariva altra cosa per quella. Prontamente commosso alla tribuna, e alla presenza de' contradittori, lo spirito gli s'infiammava; i suoi primi concetti eran confusi, tronchi gli accenti, le membra palpitanti; ma ben tosto sorgeva la luce; allora il suo spirito faceva in un tratto il volo degli anni; e alla stessa tribuna tutto era per lui novità, espressione viva e veloce. Contrariato di nuovo, ei tornava più incalzante, più chiaro, presentava la verità con imagini sorprendenti e terribili. Se eran difficili le occasioni, affaticati gli spiriti da lungo discutere, o da pericolo intimoriti, un grido, un motto decisivo gli scendeva dal labbro, la sua testa appariva terribile d'orrore e di genio, e l'assemblea illuminata, rincorata, faceva leggi, abbracciava risoluzioni magnanime.

Forte di sue alte prerogative, ridendo dei suoi vizii, a quando a quando e docile e altiero, seduceva gli uni colle lusinghe, gli altri inti-

---

[4] Onorato Gabriele Ricchetti conte di Mirabeau, di stirpe originaria italiana. T.

moriva co' sarcasmi, e conduceva tutti a seguirlo, per una maravigliosa potenza d'attrazione. Il suo partito si trovava per tutto, fra 'l popolo, nell'assemblea, nella corte medesima, tra tutti quelli alfine, ai quali nel momento si rivolgeva. Mescolandosi familiarmente fra gli uomini, giusto quando bisognava esserlo, aveva applaudito all'ingegno nascente di Barnave, quantunque non amasse i suoi giovani amici; apprezzava lo spirito profondo di Sieyes, e accarezzava il suo umore selvaggio; in Lafayette paventava una vita troppo pura; detestava in Necker l'estremo rigorismo, la ragione orgogliosa, e la pretensione di guidare una rivoluzione che sapeva appartenere a sè. Amava poco il duca d'Orléans, e la sua vaga ambizione; e, come presto vedrassi, non ebbe mai con lui interesse comune. Solo col suo genio, assaliva il dispotismo, che aveva giurato di distruggere. Pure s'ei non amava le vanità della monarchia, non amava neppure l'ostracismo delle repubbliche; ma non sentendosi assai vendicato de' grandi e dell'autorità, proseguiva la distruzione. Divorato inoltre da' bisogni, scontento del presente, s'avanzava verso un avvenire sconosciuto, facendo tutto aspettare dal suo ingegno, dall'ambizione, dai vizii, e dal cattivo stato di sua fortuna, e autorizzando col cinismo de' discorsi tutti i sospetti, tutte le calunnie.

Così si dividevano la Francia e i partiti. Le prime differenze fra i deputati popolari nacquero all'occasione degli eccessi della moltitudine. Mounier, e Lally-Tolendal bramavano un proclama solenne al popolo per condannare i suoi eccessi. L'assemblea, vedendo l'inutilità di questo mezzo, e la necessità di non disgustare la moltitudine che l'aveva sostenuta, ricusossi da prima; ma poi cedendo alle premure d'alcuni membri, finì col fare un proclama, che com'avea previsto fu affatto inutile, perchè non si placa con parole un popolo sollevato.

L'agitazione era universale. Un subito terrore s'era diffuso. Il nome de' briganti, che s'eran visti apparire ne' vari tumulti, era in tutte le bocche, la loro figura in tutte le fantasie. La corte ne rimproverava i danni alla parte popolare, la parte popolare alla corte. Tutto ad un tratto si spargono de' corrieri attraversando la Francia in tutte le direzioni, e annunziando che i briganti venivano, e che tagliavano le messi in erba. Il popolo si riunì da tutte le bande, e in pochi giorni la Francia intera fu in armi, ad aspettare i briganti, che non arrivarono mai. Questo strattagemma, che rese universale la rivoluzione del 14 luglio provocando l'armamento della nazione, fu attribuito allora a tutte le parti, e di poi è stato particolarmente imputato alla parte popolare, che ne raccolse i frutti. Fa meraviglia, che siasi così schivata la responsabilità d'uno strattagemma più artificioso, che colpevole. Fu posto a carico di Mirabeau, che sarebbesi vantato d'esserne l'autore, e che pure l'ha smentito. Era molto naturale allo spirito di Sieyes, e alcuni han creduto che questo l'avesse suggerito al duca d'Orléans. Altri alfine hanno accusato la corte. Han pensato che questi corrieri sarebbero stati arrestati ad ogni passo, senza l'assenso del governo; che la corte non avendo giammai creduto generale la rivoluzione, e riguardandola come un semplice tumulto de' Parigini, avesse voluto armare le Provincie per opporle a Parigi. Comunque sia, questo mezzo tornò a profitto della nazione che mise in armi, e in stato da vegliare alla sua sicurezza ed a' suoi diritti.

Il popolo delle città aveva sciolto i suoi lacci; il popolo delle campagne voleva sciogliere i suoi. Ricusava di pagare i diritti feudali; perseguitava i signori che l'avevano oppresso; incendiava i castelli, ardeva i titoli di proprietà, abbandonavasi in alcuni paesi ad atroci vendette. Un accidente deplorabile accese particolarmente l'effervescenza universale. Un de Mesmai, signore di Quincey, dava una festa intorno al suo castello. Tutto il popolo delle campagne v'accorse abbandonandosi alla letizia, quando un barile di polvere infiammossi ad un tratto, e produsse uno scoppio micidiale. Quest'accidente, conosciuto poscia come effetto dell'imprudenza, e non del tradimento, fu imputato a delitto, a de Mesmai. La fama subito divulgossi, e provocò da per tutto le crudeltà di contadini indurati in una vita miserabile, e fatti feroci dal lungo soffrire. I ministri vennero insieme a fare all'assemblea il ritratto dello stato deplorabile della Francia, e dimandare i mezzi di ristabilire l'ordine. Queste calamità d'ogni genere s'erano manifestate dopo il 14 luglio. Il mese d'agosto cominciava, ed era indispensabile di ristabilire la forza del governo, e delle leggi. Ma per tentarlo con successo era necessario cominciare la rigenerazione dello stato dalla riforma delle istituzioni, che più vivamente offendevano il popolo, e maggiormente lo disponevano a sollevarsi. Una parte della nazione, soggetta all'altra, sopportava una folla di diritti chiamati feudali. Gli uni, detti utili, obbligavano i contadini a somministrare rendite ruinose; gli altri detti onorifici, li sottoponevano verso i loro signori a degli atti umilianti di rispetto, e di servitù. Questi erano avanzi della barbarie feudale, la cui distruzione era dovuta all'umanità. Tali privilegi, riguardati come proprietà, chiamati anche dal re con tal nome nella dichiarazione del 23 giugno, non potevano essere aboliti per una discussione. Bisognava, per un movimento subito ed inspirato, eccitare i possessori a spogliarsene da per sè.

L'assemblea discuteva allora la famosa dichiarazione de diritti dell'uomo. Era stato trattato in principio, se dovesse farsene alcuna, e fu deciso il 5 agosto al mattino di farla, e di metterla in testa della costituzione. Nella sera del medesimo giorno, la deputazione fece la relazione sulle turbolenze, e su i rimedi per farle cessare. Il visconte di Noailles, e il duca d'Aiguillon, membri della nobiltà, ambedue salgono alla tribuna e rappresentano, che l'uso della forza per sedare il popolo è poco, che bisogna distrugger la causa de' suoi mali, e l'agitazione, che n'è la conseguenza, sarà subito calmata. Quindi spiegandosi più chiaramente, propongono l'abolizione di tutti i vessatori diritti, che sotto il titolo di diritti feudali, opprimevano le campagne. Leguen de Kerengal, proprietario di Brettagna, presentasi alla tribuna in abito di coltivatore, e fa un orrido ritratto del regime feudale.

Ad un tratto la generosità presso gli uni, presso gli altri compromesso l'orgoglio, producono un disinteresse improvviso; ciascuno s'avanza alla tribuna per rinunziare a' suoi privilegi. La nobiltà dà il primo esempio; il clero non meno sollecito, s'affretta di seguitarlo. Una specie d'inebriamento signoreggia l'assemblea; lasciata da parte una discussione superflua, che non era certamente necessaria per dimostrare la giustizia di simili sacrifizii, tutti gli ordini, tutte le classi, tutti i possessori di prerogative qualunque, s'affrettano di fare le loro rinunzie. Dopo i deputati de' primi ordini, quei de' comuni vengono parimente a presentare le loro offerte. Non potendo sacrificare privilegi personali, offrono quelli delle provincie, e delle città. L'uguaglianza de' diritti, ristabilita fra gl'individui, il fu parimente fra tutte le parti del territorio. Alcuni apportano delle pensioni, ed un membro del parlamento, non avendo niente da offrire, promette la sua devozione alla cosa pubblica. I gradi del banco son coperti di deputati che vanno a depositare l'atto della renunzia; contenti pel momento d'enumerare i sacrifizii, riserbano al dì seguente la compilazione degli articoli. L'ardore era generale; ma in mezzo a questo entusiasmo era facile scorgere, che certi privilegiati poco sinceri, volevano tirare le cose al peggio. Tutto era a temere dall'effetto della notte e dall'impulso dato, allorchè Lally-Tolendal, conoscendo il pericolo, fece passare un biglietto al presidente, "Bisogna tutto temere, gli disse, dalla foga dell'assemblea: sciogliete l'adunanza". All'istante medesimo un deputato si volge verso di lui, e stringendogli teneramente la mano, gli dice: "Offriteci la sanzione reale, e saremo amici". Lally-Tolendal sentendo allora il bisogno di ricongiungere la rivoluzione al re, propose di proclamarlo restauratore della libertà francese. La proposizione fu accolta con entusiasmo; fu ordinato un *Te Deum*, e l'adunanza si sciolse verso la mezza notte.

In quella notte memoranda era stato soluto:

L'abolizione della qualità di servo;
La facoltà di riscattare i diritti signorili;
L'abolizione delle giurisdizioni signorili;
L'abolizione de' diritti esclusivi di caccia, colombai, conigliere ec.;
Il riscatto delle decime;
L'uguaglianza delle imposizioni;
L'ammissione di tutti i cittadini agli ufizi civili e militari;
L'abolizione della venalità degli ufizi;
La distruzione di tutti i privilegi delle città e delle Provincie;
La riforma de' corpi d'arti;
E l'abolizione delle pensioni ottenute senza titolo;

Queste risoluzioni erano state prese in forma generale; restava a ridurle in decreti: e allora il primo fervore di generosità essendo raffreddato, e ognuno tornato alla propria natura, gli uni dovevano cercare distendere, gli altri di ristringere le concessioni fatte. La discussione divenne viva, ed una resistenza tarda e mal accorta, fece svanire tutta la gratitudine.

L'abolizione de' diritti feudali era stata convenuta; ma bisognava distinguere tra questi diritti, quali sarebbero aboliti, e quali riscattati. Invadendo una volta il territorio, i conquistatori, primi autori de' nobili, avevano imposto delle servitù agli uomini, e de' tributi alle terre. Avevano anche occupato una parte del suolo, e non l'aveano che successivamente restituito a' coltivatori, in cambio di rendite perpetue. Il lungo possesso, seguito di trasmissioni numerose, costituendo la proprietà, tutte le gravezze imposte agli uomini ed alle terre ne avevano acquistato il carattere. L'assemblea costituente era dunque ridotta ad attaccare le proprietà. In questo stato ella non doveva giudicarle come meglio o peggio acquistate, ma come più o meno gravose alla società. Abolì le servitù personali; e molte di queste servitù essendo state trasmutate in rendite, abolì queste rendite. Dei tributi

imposti alle terre, abolì quelli, che erano evidentemente avanzo di servitù, come il diritto imposto alle trasmissioni; e dichiarò riscattabili
tutte le rendite perpetue, che erano il prezzo per cui la nobiltà aveva
già ceduto a' coltivatori una parte del territorio. Non v'è cosa dunque
più assurda che accusare l'assemblea costituente d'aver violato le proprietà, poichè tutto era divenuto tale; ed è strano che la nobiltà avendole sì lungamente violate o esigendo tributi o non pagando le imposizioni, si mostrasse ad un tratto sì rigorosa su i principii, quando si
trattava delle sue prerogative. Le giurisdizioni signorili furono parimente chiamate proprietà, perchè da secoli erano trasferite per eredità; ma l'assemblea non si lasciò sopraffare da questo titolo, e le abolì,
ordinando però che fossero conservate finchè non si fosse provvisto al
cambio.

Il diritto esclusivo di caccia fu pure soggetto di vive dispute. Ad
onta del vano ostacolo, che tutta la popolazione sarebbe subito in
armi, se il diritto di caccia fosse conceduto, fu a tutti restituito nel-
l'estensione dei loro campi. I colombai privilegiati furono ugualmente difesi. L'assemblea decise, che chiunque potesse tenerne, ma che
nella stagion delle messi i colombi potessero uccidersi come caccia-
gione ordinaria sul territorio ove percorressero. Tutte le bandite furono abolite, aggiungendo però che sarebbe provvisto alle bandite, personali del re per mezzi conciliabili colla libertà, e la proprietà.

Un articolo soprattutto eccitò delle dispute violente, a causa di questioni più gravi di cui era preludio, e degl'interessi che feriva: quello
delle decime. La notte del 4 agosto l'assemblea aveva dichiarato le
decime riscattabili. Al momento della compilazione, volle abolirle
senza riscatto, prendendo cura d'aggiungere che sarebbe stato provvisto dallo stato al mantenimento del clero. Certamente v'era difetto di
forma in questa decisione, perchè si tornava sopra una risoluzione già
presa. Ma Garat rispose a questa obiezione, che quello era un vero
riscatto, perchè invece del contribuente, lo stato riscattava la decima,

assumendo di provvedere ai bisogni del clero. L'abate Sieyes, che fè meraviglia in vederlo tra i difensori delle decime, e non fu giudicato difensore disinteressato di questa imposizione, convenne che lo stato riscatterebbe veramente le decime, ma che farebbe un furto al corpo della nazione, facendole sopportare un debito, che non dovrebbe gravare che su i proprietari di fondi. Questa obiezione presentata in una maniera tronca, fu accompagnata da quel motto sì amaro, di poi ripetuto sovente: "Volete esser liberi e non sapete esser giusti". Quantunque Sieyes non credesse possibile di rispondere a questa obiezione, la risposta era facile. Il debito del culto è il debito di tutti; è giusto di farlo sopportare a' proprietarii dei fondi, anzi che all'universale de' contribuenti? Tocca allo stato a giudicarne. Egli non ruba ad alcuno facendo delle imposizione la ripartizione, che giudica la più convenevole. La decima opprimendo i piccoli proprietarii, distruggeva l'agricoltura; lo stato doveva dunque traslocare questa imposizione; tanto provò Mirabeau con estrema evidenza. Il clero che preferiva le decime, perchè ben prevedeva che il salario deliberato dallo stato, sarebbe ragguagliato ai suoi veri bisogni, si vantò proprietario delle decime per concessioni immemorabili; rinnovellò la ragione sì ripetuta del lungo possesso, la quale non prova niente, perchè tutto sarebbe legittimato col possesso, anche la tirannia. Gli fu risposto, che le decime non erano che un usufrutto; che non erano trasferibili, e non avevano i caratteri principali della proprietà; che erano evidentemente un' imposizione a suo favore stabilita, e quest'imposizione ne lo stato s'incaricava di cangiarla in un'altra. L'orgoglio del clero si sollevò all'idea di ricevere un salario; se ne lamentò violentemente; e Mirabeau che brillava in lanciare tratti decisivi di ragione e d'ironia, rispose agl'interruttori, che non conosceva altro che tre mezzi d'esistere in società; o esser ladri, o mendicanti, o salariati. Il clero sentì che gli conveniva d'abbandonare quel che non poteva più difendere. I parrochi specialmente sapendo di poter tutto attendere dallo spirito di giustizia dominante nell'assemblea, e che l'opulenza de' prelati era quella che si voleva particolarmente ferire, furono i primi a cedere. L'intiera abolizione delle decime fu dunque decretata, colla condizione che lo stato assumerebbe le spese del culto, ma che intanto le decime continuerebbero a percipersi. Quest'ultima clausula, è vero, piena di riguardi, divenne inutile. Il popolo non volle più pagare; ma non voleva più già anche avanti il decreto, e quando l'assemblea abolì il regime feudale, era già distrutto di fatto. Il 13 agosto tutti gli articoli furono presentati al monarca, il quale accettò il titolo di restauratore della libertà francese, e assistè al *Te Deum*, avente a destra il presidente e al suo seguito tutti i deputati.

Così fu consumata la più importante riforma della rivoluzione. L'assemblea aveva mostrato pari fortezza e moderazione. Disgraziatamente un popolo non sa mai riprendere con temperanza l'esercizio de' suoi diritti. Atroci violenze furon commesse, in tutto il reame. I castelli continuarono ad esser arsi, le campagne furono inondate di cacciatori, che s'affrettavano d'esercitare diritti per loro sì nuovi. Si sparsero pei campi non ha guari riservati ai piaceri de' loro soli oppressori, e commisero orrende devastazioni. Ogni usurpazione ha una crudele rivalsa; e colui che usurpa dovrebbe pensarci, almeno per li suoi figliuoli, che quasi sempre pagano il fio per lui. Numerosi accidenti seguitarono. Il 7 agosto i ministri s'erano presentati nuovamente all'assemblea per farle la relazione dello stato regno. Il ministro della giustizia avea denunciato i disordini gravi che s'erano manifestati; Necker avea rivelato la condizione miserabile dell'erario. L'assemblea ricevè questo doppio messaggio tristamente, ma senza scoraggirsi. Il 10 fece un decreto sulla pubblica tranquillità, per cui i municipii furono incaricati di vegliare alla conservazione dell'ordine, dissipando tutte le riunioni sediziose. Dovevano deferire i perturbatori semplici ai tribunali, ma carcerare coloro che avessero sparso rumori, allegato ordini falsi, o eccitato violenze, e rimettere le procedure all'assemblea nazionale, per potere risalire all'origine de' tumulti. Le milizie nazionali, e le genti regolari eran messe a disposizione de' municipi, con obbligo di prestar giuramento di fedeltà alla nazione, al re, ed alla legge ec. Questo è il giuramento, che fu poi appellato il giuramento civile.

La relazione di Necker sulle sorti dell'erario fu estremamente angustiosa. Il bisogno di sussidi aveva fatto ricorrere ad un'assemblea nazionale; quest'assemblea appena riunita, era entrata in guerra coll'autorità; e non pensando che al bisogno pressante di stabilire delle garanzie, aveva negletto d'assicurare le rendite dello stato. Necker solo aveva tutte le sollecitudini pecuniarie. Mentre Bailly, occupato delle provvisioni della metropoli, trovavasi nelle pene più crudeli, Necker travagliato di bisogni meno pressanti ma tanto più vasti, racchiuso ne' suoi calcoli tormentosi, divorato da mille cure, sforzavasi di provvedere alle pubbliche angustie; e mentre egli non pensava che a questioni economiche, non capiva come l'assemblea non pensasse ad altro che a questioni politiche. Necker e l'assemblea, pensierosi ciascuno della propria bisogna, non scorgevano altro. Mentre se le apprensioni di Necker erano perdonabili alle pubbliche angustie, la fidanza dell'assemblea lo era pure all'elevazione de' suoi concetti. Quest'assemblea, abbracciando la Francia e la sua sorte futura, non sapeva imaginare, che tanto bel reame, indebitato un momento, fosse per sempre condannato all'inopia.

Necker salendo all'amministrazione nell'agosto 1788, non trovò che 400 mila franchi nel tesoro. Aveva a forza di zelo riparato alle prime urgenze; e di poi il corso delle cose aveva accresciuto i bisogni, e diminuito le rendite. Era bisognato acquistare de' grani, rivenderli meno del prezzo che costavano, fare dell'elemosine considerabili, aprire lavori pubblici per occupare operai. Per quest'ultimo oggetto era uscito del tesoro fin dodici mila franchi per giorno. Nel tempo stesso, che le spese crescevano, l'entrate scornavano. Il rinvilio del

prezzo del sale, il ritardo del pagamento e spesse volte il rifiuto assoluto di pagare le imposizioni, il contrabbando a forza aperta, la
distruzione delle barriere, la dispersione pur de' registri, e l'uccision
degli agenti, avevano annullato una parte delle rendite. Perciò Wecker
richiese un prestito di trenta milioni. La prima impressione fu sì viva
che volevasi votare l'imprestito per acclamazione; ma questo primo
moto presto calmossi. Si mostrò repugnanza ai nuovi imprestiti, e per
una specie di contradizione si invocaroro i mandati da cui si era già
declinato, i quali vietavano di consentire le imposizioni prima d'aver
fatto la costituzione; cercossi fino di fare il conto delle somme riscos-
se dall'anno precedente, quasi che si diffidasse del ministro. Pure la
necessità di riparare ai bisogni dello stato, fece abbracciare l'imprestito; ma fu mutato il progetto del ministro, e ridotto l'interesse al quattro e mezzo per cento, per la falsa speranza d'un patriottismo, che era
nella nazione, ma che non poteva trovarsi presso i prestatori di
mestiere, i soli che ordinariamente si diano a queste sorte di specula-
zioni economiche. Questo primo fallo fu uno di quelli, che commet-
tono ordinariamente le assemblee, quando mutano i concetti propri
d'un ministro che agisse, coi concetti generali di mille dugento spiriti speculatori. Fu facile eziandio d'accorgersi, che lo spirito della
nazione già avviava a non accomodarsi più alla timidità del ministro.

Dopo queste cure indispensabile porte alla pubblica tranquillità ed
all'erario, si tornò alla dichiarazione de' diritti. La prima idea n'era
stata suggerita da Lafayette, il quale l'aveva attinta dagli Americani.
Questa discussione, interrotta dalla rivoluzione del luglio, ripresa il
primo agosto, interrotta novellamente dall'abolizione del regime feudale, fu riassunta, e definitivamente risoluta il 12 agosto. Il pensiero
aveva qualche cosa di sublime, che rapì l'assemblea. L'ardore delle
menti le sollevava a tutto quello, che aveva del grande; questo ardore
generava la buona fede, il coraggio, le buone e le male risoluzioni.
Afferrarono quest'idea, e vollero metterla ad esecuzione. Se non si

fosse trattato, che di promulgare alcuni principii specialmente violati dall'autorità, della quale era stato scosso il giogo, come il voto delle
imposizioni, la libertà di religione, la libertà della stampa, la responsabilità de' ministri, nulla di più facile. Così già avevan fatto
l'America, e l'Inghilterra. La Francia avrebbe potuto esprimere in
poche massime chiare e positive i nuovi principii, che imponeva al
governo; ma la Francia rompendo col passato, e volendo risalire allo
stato di natura, aspirò a fare una dichiarazione completa di tutti i
diritti dell'uomo e del cittadino. Fu ragionato da prima della necessità e del pericolo di tale dichiarazione. Molto fu discusso e inutilmente su questo soggetto, perchè non v'era nè utilità nè pericolo a fare
una dichiarazione, composta di formole alle quali il popolo non comprendeva nulla: non era di qualche momento, che per un certo
numero d'intelletti filosofici, che non prendon gran parte alle sedi-
zioni popolari. Fu alfine deciso che fosse fatta, e scritta in testa della
costituzione. Ma bisognava compilarla, ed era il più difficile. Che
cosa è un diritto? è quello che è dovuto agli uomini. Ora, tutto il bene
che loro può farsi, è loro dovuto; ogni savio provvedimento di governo è dunque un diritto. Così tutti i progetti affacciati contenevano la
definizione della legge, la maniera con cui dee farsi, il principio della
sovranità, ec. Opponevasi, che questi non eran diritti, ma massime
generali. Intanto importava d'esprimere queste massime. Mirabeau,
impaziente, gridò alfine: "Non usate la parola diritti, ma dite: Per
interesse di tutti, è stato dichiarato..." Non ostante fu preferito il titolo più solenne di dichiarazione de' diritti, sotto il quale si confusero
delle massime, de' principii, delle definizioni. Di tutto questo fu
composta la celebre dichiarazione, posta in fronte alla costituzione
del 91. Per altro non v'era in questo che un male, quello di perdere
alcune adunanze intorno ad un luogo comune filosofico. Ma chi osa
rimproverare alle menti di bearsi del loro oggetto? Chi ha il diritto di
sprezzare l'inevitabile preoccupazione de' primi momenti?

Era tempo alfine di cominciare l'opera della costituzione. Le fatiche de' preliminari erano generali, è già fuori dell'assemblea s'agitavano le questioni fondamentali. La costituzione inglese era il modello, che offrivasi più naturalmente agl'intelletti, come quella che era la transazione avvenuta in Inghilterra, dopo simil conflitto, tra il re, l'aristocrazia, ed il popolo. Questa consisteva essenzialmente nello stabilimento di due camere, e nella sanzione reale. Le menti nel loro primo fervore poggiano all'idee più semplici: un popolo che dichiara la sua volontà, un re che l'eseguisce, sembra loro la sola forma legittima di governo. Il dare all'aristocrazia una parte uguale a a quella della nazione per mezzo d'una camera alta, conferire al re il diritto d'annullare la volontà nazionale per mezzo della sanzione, sembrava a loro un'assurdità. *La nazione vuole, il re fa*: le menti non uscivano da questi semplici elementi, e pareva loro di volere una monarchia, perchè lasciavano un re esecutore delle volontà nazionali. La vera monarchia quale esiste anche negli stati reputati liberi, è la dominazione d'un solo, a cui si pongon de' freni per mezzo del concorso nazionale. La volontà del principe fa realmente quasi ogni cosa, e quella della nazione è ridotta ad impedire il male, o disputando le imposizioni, o cooperando per un terzo alla legge. Ma dal momento che la nazione può ordinare tutto quello che vuole, senza che il re possa opporvi divieto, il re non è altro che un magistrato. Allora è una repubblica con un console solo, invece di più. Il governo di Polonia, quantunque avesse un re, non fu mai chiamato una monarchia, ma una repubblica; vi era un re anche a Lacedemone.

La monarchia ben ideata vuol dunque dagli animi grandi concessioni. Ma non dopo una tanta nullezza, e nel primo loro entusiasmo, eglino s'inclinano a farle. Così la repubblica era nelle opinioni senza essere nominata, e vi erano repubblicani senza pensarlo.

La discussione non portò una spiegazione ben chiara; e non ostante l'ingegno e il sapere diffuso nell'assemblea, la questione fu male trattata e poco compresa. I fautori della costituzione inglese, Necker, Mounier, Lally, non sepper conoscere in che dovesse consistere la monarchia; e quando l'avessero conosciuto, non avrebbero ardito di dire chiaramente all'assemblea, che la volontà nazionale non dovesse essere onnipotente, e dovesse impedire invece d'agire. Si ristrinsero a dire che bisognava che il re potesse frenare le usurpazioni d'un'assemblea; che per ben eseguire la legge, ed eseguirla volentieri, bisognava che vi avesse partecipato; e finalmente che dovevano esistere parità tra il potere esecutivo e il legislativo. Queste ragioni eran cattive, o deboli almeno. È ridicolo infatti, riconoscendo la sovranità nazionale, di volerle opporre la volontà unica del re.[5]

Meglio difesero le due camere, perchè veramente, anche in una repubblica, vi sono dell'alte classi per opporsi al moto troppo rapido delle classi che sorgono, difendendo le istituzioni antiche contro le nuova. Ma questa camera alta, più indispensabile ancora della prerogativa reale, perchè non v'è esempio di repubblica senza un senato,[6] era più schifata della sanzione; perchè vi era più sdegno contro l'aristocrazia, che contro la monarchia. La camera alta era allora impossibile, perchè nissuno la voleva: la bassa nobiltà vi si opponeva, perchè non poteva entrarci: i privilegiati disperati, perchè bramavano il peggio di tutte le cose; la parte popolare, perchè non voleva lasciare all'aristocrazia un posto, da cui dominasse la volontà nazionale. Mounier, Lally, Necker, erano quasi soli a desiderare la camera alta. Sieyes, per errore d'uno spirito assoluto, non voleva nè le due camere, nè la sanzione reale. Considerava la società tutta unita; secondo lui la nazione, senza distinzione di classi, doveva volere; e il re, come magistrato doveva eseguire. Così diceva egli di buona fede, che la monarchia e la repubblica erano la medesima cosa, perchè la differen-

---

[5] Vedi la nota 5 alla fin del volume.

[6] Questo non è conforme alla storia. T.

za, per lui, non era che nel numero de' magistrati per eseguire. Il carattere dello spirito di Sieyes era il concatenamento, cioè la collegazione rigorosa tra le sue proprie idee. Egli intendevasi da se stesso, ma non intendevasi nè colla natura delle cose, nè cogli spiriti differenti del suo. Li soverchiava coll'impero delle sue massime assolute, ma raramente li persuadeva; quindi non potendo nè smembrare i suoi sistemi, nè farli abbracciare interi, veniva presto a corucciarsi. Mirabeau, ingegno preciso, pronto, pieghevole, non era in fatto di scienza politica più avanti dell'assemblea; rigettava le due camere non per persuasione, ma per la conoscenza della loro presente impossibilità, e per odio dell'aristocrazia. Difendeva la sanzione per inclinazione monarchica, e vi s'era impacciato fino dall'apertura degli stati, dicendo che senza la sanzione, vorrebbe piuttosto vivere a Costantinopoli, che a Parigi. Barnave, Dupoit, e Lameth, non potevano consentire la medesima cosa di Mirabeau. Non ammettevano nè la camera alta, nè la sanzione reale; ma non erano tanto ostinati come Sieyes; e consentivano a modificare la loro opinione, concedendo al re e alla camera alta un semplice divieto sospensivo, cioè la facoltà d'opporsi temporariamente alla volontà nazionale espressa dalla camera bassa.

Le prime discussioni seguirono il 28 e il 29 agosto. La parte di Barnave volle trattare con Mounier, che per la sua ostinazione era il capo della parte della costituzione inglese. Bisognava guadagnare il più inflessibile, e si diressero a lui. S'apersero delle conferenze. Quando fu visto che era impossibile di mutare una opinione fatta in lui abitudine di spirito, si acconsentirono allora quelle forme inglesi di cui era tanto invaghito, ma a patto che opponendo alla camera popolare la camera alta, ed il re, non fosse a loro permesso che il divieto sospensivo, e di più il re non potesse sciogliere l'assemblea. Mounier diede una risposta da uomo persuaso di sè: disse, che la verità non era in suo potere, e non poteva sacrificarne una parte per salvare l'altra. Perse così le due istituzioni per non volerle modificare. E se fosse vero, ciò che vedrassi non essere, che la costituzione del 91, per difetto della camera altra, abbia minato il trono, Mounier avrebbe da farsi de' gravi rimproveri. Egli non era appassionato, ma ostinato. Era tanto assoluto nel proprio sistema, quanto Sieyes; e sceglieva anzi di perder tutto, che di cedere in alcuna parte. I trattati furon tronchi con mal umore. Mounier fu minacciato di Parigi, e dell'opinion pubblica; e partirono, disse, per andare a porre in opra l'argomento di cui l'avevano minacciato.[7]

Queste questioni dividevano il popolo come i rappresentanti, il quale senza comprenderle, non vi s'appassionava di meno. Erano state tutte riassunte nel motto breve e spedito di *divieto*. Volere, o non volere il divieto significava volere, o non volere la tirannia. Il volgo senza intendere, prendeva il divieto per una imposizione da abolire, o per un nemico da impiccare, e l'avrebbe appeso a' lampioni.[8]

Il Palazzo-reale era in preda alla massima effervescenza. Là si riunivano uomini ardenti, che nemmen tollerando le forme osservate nei distretti, salivano sopra una sedia, prendevano la parola senza chiederla, ed erano, o fischiati, o portati in trionfo da un popolo numeroso che andava a eseguire quanto gli proponevano. Camillo Desmoulins, già nomato in queste storie, distinguevasi per l'entusiasmo, l'originalità, e il cinismo dell'ingegno; e senz'esser crudele, domandava delle crudeltà. Vi si vedeva ancora Saint-Hurugue, antico marchese, detenuto lungamente alla Bastiglia per querele di famiglia, e sdegnato contro l'autorità fino alla follia. Là ogni giorno tutti ripetevano, che bisognava andare a Versailles, per chieder conto al re e all'assemblea della loro tardanza a fare il bene del popolo. Lafayette

---

[7] Vedi la nota 6 alla fin del volume.

[8] "Due persone di campagna parlavano del divieto. – Sai quel che è il divieto? disse uno; – Nò. – E bene: tu hai la scodella piena di zuppa: il re dice: Butta via la coppa; e bisogna, che tu la butti via."

durava gran fatica a frenarli con ronde continue. Già la' guardia nazionale era accusata d'aristocrazia. "Non v'erano ronde, diceva Desmoulins, intorno al Ceramico." Il nome di Cromvello era stato già pronunziato a coppia a quello di Lafayette. Il giorno di domenica 30 agosto, fu fatta una proposizione al Palazzo-reale; fu accusato Mounier, e Mirabeau rappresentato come in pericolo, e fu proposto d'andare a Versailles a invigilare a' suoi giorni. Mirabeau per altro difendeva la sanzione, ma senza lasciare la veste di tribuno popolare, senza parerlo meno agli occhi della moltitudine. Saint-Hurugue alla testa d'alcuni entusiasti si trasse sulla via di Versailles. Dicevano di volere astringere l'assemblea a licenziare i rappresentanti infedeli per nominarne de' nuovi, e supplicare il re e il delfino di venire a Parigi, per mettersi in sicurezza in mezzo del popolo. Lafayette giunse ad impedirli, e li forzò a voltare a dietro. Il giorno dopo, lunedì 31, si riunirono nuovamente, e spedirono un messaggio al comune, ove chiesero la convocazione de' distretti per disapprovare il divieto e i deputati che il difendevano, revocarli e nominarne de' nuovi in loro vece. Il comune li rimandò per due volte con molta fermezza.

Intanto l'agitazione signoreggiava l'assemblea. I mal contenti avevano scritto lettere ai principali deputati, piene di minacce e d'invettive; una era vergata del nome di Saint-Hurugue. Il lunedì 31, all'apertura dell'adunanza, Lally denunziò avere ricevuto una deputazione del palazzo-reale, la quale l'aveva invitato a dividersi da' cattivi cittadini difensori del divieto, aggiungendo che un esercito di ventimila uomini era pronto a marciare. Anche Mounier lesse delle lettere che aveva ricevuto, propose di perseguire gli autori segreti di quelle macchinazioni, e pressò l'assemblea d'offrire cinquecento mila franchi a chi li denunciasse. La disputa fu tumultuosa. Duport sostenne non esser di dignità all'assemblea l'occuparsi di simili particolarità. Mirabeau lesse delle lettere, che gli erano state spedite, nelle quali i nemici della causa popolare non lo trattavano punto meglio di

Mounier. L'assemblea passò innanzi; e Saint-Hurugue, vergatore d'una di quelle denunciate, fu carcerato per ordine del comune. Si discutevano insieme le tre questioni, della permanenza dell'assemblee, delle due camere, e del divieto. La permanenza fu vinta quasi all'unanimità. Troppo erasi sofferto dell'interruzione dell'assemblee nazionali, per non renderle permanenti. Si passò quindi alla gran questione dell'unità del corpo legislativo. Le tribune erano occupate da molta e clamorosa frequenza. Molti deputati se n'andavano. Il presidente, che allora era il vescovo di Langres, tentò invano di rattenerli; partirono in gran numero. Da tutte le parti fu chiesto a piene voci d'andare a partito. Lally reclamò anche una volta la parola: gli fu impedita, ed accusato il presidente d'averlo mandato alla tribuna; un membro osò fino di domandare al presidente se non era ancora stanco di fatigare l'assemblea. Egli offeso da queste parole, abbandona il suo seggio, e la discussione è differita. Il giorno dopo 10 settembre fu letto un messaggio della città di Rennes, dichiarante il divieto inammissibile, e traditori alla patria coloro che lo votassero. Mounier e i suoi se ne indignarono, e proposero di rampognarne quel municipio. Mirabeau rispose che l'assemblea non era destinata a dar lezioni a degli ufiziali municipali, e che si doveva passar oltre. La questione delle due camere fu al fine messa a' suffragi, e a suon d'applausi l'unità dell'assemblea fu risoluta. Quattrocento novantanove si dichiararono per una camera sola; ottantanove, per due; centoventidue si persero pel timore inspirato a molti deputati.

Giunse finalmente la question del divieto. Fu trovato un temperamento, quello del divieto sospensivo, non ritardante che temporariamente la legge per una o più legislature. Consideravasi questo come un appello al popolo, perchè il re ricorrendo a nuove assemblee, e cedendo loro quando perseverassero, sembrava veramente appellare all'autorità nazionale. Mounier e i suoi vi s'opposero; a ragione, nel sistema della monarchia inglese, ove il re consulta la rappresentazione nazionale, e non mai le obbedisce; ma a torto nella situazione ove s'erano collocati. Non volevano, dicevan essi, che impedire una risoluzione precipitosa. Ora un divieto sospensivo produceva quest'effetto al pari d'un divieto assoluto. Se la rappresentanza perseverava, la volontà nazionale facevasi manifesta; ed ammessa la sua sovranità, ridevol era resisterle indefinitamente.

Di vero i ministri sentirono che in fatto il divieto sospensivo produceva il medesimo effetto del divieto assoluto; e Necker consigliò il re a cogliere il frutto d'un sacrifizio spontaneo, partecipando una memoria all'assemblea ove dimandasse il divieto sospensivo. Trapelossi, e seppesi avanti il fine e lo spirito di quella memoria. Fu presentata l'11 settembre, tutti ne conoscevano il contenuto. Pareva che Mounier, difendendo l'interesse del soglio, non avesse dovuto aver altre mire dal soglio medesimo; ma le parti hanno presto un interesse distinto da cui servono. Mounier respinse tale partecipazione, dicendo che quand'anche il re rinunziasse ad una prerogativa utile alla nazione, gli si dovrebbe concedere suo mal grado e per interesse pubblico. Le sorti cambiaronsi, gli avversarii del re quinci difesero la sua intervenzione; ma tutti gli sforzi tornarono vani, e la memoria fu bruscamente respinta. Corsero nuove spiegazioni sulla parola sanzione, ed agitossi in questione se fosse necessaria per la costituzione. Dopo aver dichiarato che il potere costituente era superiore a' poteri costituiti, fu stabilito che la sanzione non potesse esercitarsi che su gli atti legislativi, non già sugli atti costituenti; e che questi ultimi sarebbero solo promulgati. Seicento settantatre voti si dichiararono pel divieto sospensivo; trecentoventicinque pel divieto assoluto. Così furono risoluti gli articoli fondamentali della novella costituzione. Mounier, e Lally-Tolendal diedero subito la loro licenza di membri della deputazione della costituzione.

Erano stati fatti fin qui una folla di decreti, senza presentarne mai alcuno all'accettazione del re. Fu deciso di presentargli gli articoli del

4 agosto. Tenevasi proposito se dovesse domandarsi la sanzione, o la semplice promulgazione, riguardandoli come legislativi, o come costituenti. Maury, ed anche Lally-Tolendal furono sì mal accorti da sostenere che fossero legislativi, e da pretendere la sanzione; quasi che sperassero qualche ostacolo dal potere reale. Mirabeau con raro acume sostenne, che gli uni abolivano il sistema feudale, ed erano eminentemente costituenti; e gli altri erano una pura munificenza della nobiltà e del clero; e senza fallo il clero e la nobiltà non vorrebbero che il re potesse rivocare le loro liberalità. Chapelier aggiunse, che non si poteva neppure pensare che il consentimento del re fosse necessario, perchè egli aveali di già approvati accettando il titolo di restauratore della libertà francese, ed assistendo al *Te Deum*. Quindi il re fu pregato di fare la semplice promulgazione.[9]

Un membro propose improvisamente l'eredità della corona, e l'inviolabilità della persona del re. L'assemblea, che voleva sinceramente un re come primo magistrato ereditario, votò i due articoli per acclamazione. Fu proposta l'inviolabilità dell'erede presuntivo; ma il duca di Mortemart fece tostamente osservare, che i figli aveano alcuna volta tentato di balzare il padre dal soglio, ed era conveniente di lasciare una via per punirli. Per questo la proposizione fu rigettata. Il deputato Arnoult sull'articolo dell'eredità a linea mascolina, e di ramo in ramo, propose la conferma delle renunzie fatte dal ramo di Spagna nel trattato d'Utrecht. Fu detto, che non vi era cagione di deliberare, giacchè non bisognava dar ombra ad un alleato fedele. Mirabeau venne di quest'avviso, e l'assemblea passò avanti. A un tratto Mirabeau, per fare un'esperienza che è stata mal giudicata, volle far rivivere la questione, che egli medesimo avea contribuito ad allontanare. La casa d'Orléans si trovava in concorso colla casa di Spagna, in caso d'estinzione del ramo regnante. Mirabeau aveva già osservato

---

[9] Questi articoli gli furono presentati il 20 settembre.

grande reluttanza a passar avanti. Alieno dal duca d'Orléans, benchè a lui familiare come sapeva esser con tutti, volle nonpertanto conoscere lo stato delle parti, e vedere gli amici e i nemici del duca. Presentavasi la questione della reggenza; in caso di minorità, i fratelli del re non potevan esser tutori del nipote, siccome eredi del reale pupillo, e quindi poco solleciti della sua conservazione. La reggenza apparteneva dunque al più prossimo parente; cioè o alla regina, o al duca d'Orléans, o alla famiglia di Spagna. Mirabeau propose dunque di non dar la reggenza, che ad uomo nato in Francia. "La conoscenza, disse, che ho della geografia dell'assemblea, i punti onde son partite le voci di passare avanti, mostrano che qui non si tratta di niente meno che di dominazione straniera, e la proposizione di non deliberare, in apparenza spagnola, è forse una proposizione austriaca." Si levano delle voci a queste parole; la discussione ricomincia con violenza straordinaria; tutti gli oppositori domandano nuovamente di passar avanti. Invano ripete loro Mirabeau spesse volte, che non possono avere altra cagione che quella di condurre in Francia la dominazione straniera; non gli rispondono; perchè veramente avrebbero preferito lo straniero al duca d'Orléans. Al fine, dopo due giorni di discussione fu dichiarato nuovamente che non vi era causa da deliberare. Ma Mirabeau aveva conseguito l'intento di veder distinguere le parti. Questo tentativo non poteva mancare di farlo accusare, e d'allora in poi fu tenuto come agente del duca d'Orléans.[10]

Ancora agitata da questa discussione, l'assemblea ricevè la risposta del re agli articoli del 4 agosto. Egli n'approvava lo spirito; non dava ad alcuni che un assenso condizionale per la speranza che si modificherebbero nel farli eseguire; e rinnovava sulla maggior parte le obiezioni fatte nella discussione, e rigettate dall'assemblea. Mirabeau parve ancora alla tribuna. "Noi non abbiamo, disse, esaminato la

---

[10] Vedi la nota 7 alla fin del volume.

superiorità del potere costituente al potere esecutivo; abbiamo in qualche modo gettato un velo su queste questioni (l'assemblea in fatti aveva spiegato a suo favore la foggia onde doveano essere intese, senza decretar nulla a questo riguardo); ma se si contrasta il nostro potere costituente, saremo obbligati a dichiararlo. S'agisca schiettamente, e senza mala fede. Noi conosciamo le difficoltà dell'esecuzione, ma non l'esigiamo. Così noi domandiamo l'abolizione d'ufizi, ma coll'indicare all'avvenire il rimborso, e l'ipoteca del rimborso; noi dichiariamo l'imposizione che serve di salario al clero, distruttrice dell'agricoltura, ma aspettando di farne il cambio, ordiniamo la percezione delle decime; noi aboliamo le giurisdizioni signorili, ma le lasciamo esistere finchè siano istituiti altri tribunali. Lo stesso di tutti gli altri articoli; non comprendono che de'principii che bisogna rendere irrevocabili colla promulgazione. D'altronde fossero pur cattivi, le fantasie sono in possesso di queste risoluzioni, e più non si potrebbe loro ritorle. Ripetiamo ingenuamente al re, quello che il buffone di Filippo II diceva a questo principe tanto assoluto: Che faresti, Filippo, se tutti dicesser di sì, quando tu dici di no?"

L'assemblea ordinò al presidente di tornare nuovamente dal re per domandargli la promulgazione. Il re v'acconsentì. Dall'altra parte l'assemblea, deliberando sulla durata del divieto sospensivo, l'estese a due legislature; ma ebbe il torto di far vedere, che fosse in qualche modo un contraccambio a Luigi XVI delle concessioni da lui fatte all'opinione.

Nel mentre che fra mezzo agli ostacoli suscitati dalla mala volontà de' privilegiati e dagl'impeti popolari, l'assemblea proseguiva il suo scopo, altri impedimenti s'accumulavano avanti di lei, ed i suoi nemici ne menavan trionfo. Speravano che verrebbe arrestata dall'angustie economiche, come era accaduto alla corte. Il primo impresto di trenta milioni non era stato ottenuto: un secondo, di ottanta, ordinato dietro a nuova proposizione di Necker[11] non aveva avuto sorte migliore. – Discutete pure, disse un giorno Degouy d'Arcy, lasciate pur correr gl'indugi, e alla spirazion degl'indugi noi non saremo più... Vi dirò delle verità terribili – Al dovere! al dovere! sclamarono gli uni – Nò, nò, parli! risposero gli altri. – S'alzò un deputato: Seguitate, disse a Degouy, spargete lo spavento e il terrore! E sì! che seguirà? noi daremo una parte delle nostre fortune, e tutto sarà finito. – Degouy continuando: Gl'imprestiti che voi avete votato, non hanno prodotto niente; non vi sono nel tesoro dieci milioni. – A queste parole fu di nuovo attorniato, rimprocciato, e gli fu imposto silenzio. Il duca di Aiguillon, presidente della deputazione degli affari economici, lo smentì, sostenendo che nella cassa dello stato vi dovevan essere ventidue milioni. Intanto fu decretato che il sabato e il venerdì sarebbero particolarmente consecrati agli affari pecuniari.

Necker giunse alfine. Tutto afflitto de' suoi sforzi continui, rinnovella l'eterne lagnanze; rimprovera all'assemblea di non aver fatto nulla per l'entrate in cinque mesi di fatiche. I due imprestiti non erano stati ottenuti, perchè le turbolenze avevano spento la fiducia. I capitali celavansi: quelli dell'estero non eran comparsi per gl'imprestiti proposti. L'emigrazione, il ritiro de' viaggiatori, avevano ancora diminuito la moneta; non ne restava tanta per i bisogni giornalieri. Il re e la regina erano stati costretti di mandare le loro argenterie alla zecca. Perlochè Necker chiedeva un balzello del quarto delle rendite, assicurando che questo riparo gli sembrava bastevole. Una deputazione consumò tre giorni nell'esame di questo progetto, e approvollo interamente. Mirabeau, nemico conosciuto del ministro, prese il primo la parola per indur l'assemblea ad abbracciare il progetto senza discussione. "Non avendo tempo, disse, di giudicarlo, ella non dee aggravarsi della responsabilità dell'evento, coll'approvare o disappro-

---

[11] Decreto de' 27 agosto.

vare i rimedi proposti." Per questa cagione consigliò a far il partito subito, e per fiducia. L'assemblea trascinata, aderì alla proposizione, e ordinò a Mirabeau di ritirarsi a distendere il decreto. Intanto l'entusiasmo si posa, i nemici del ministro pretendono trovare dei mezzi ove egli non n'ha veduti. I suoi amici al contrario assalgono Mirabeau, querelandosi che e' l'abbia voluto opprimere della responsabilità degli eventi. Mirabeau ritorna, e legge il decreto. – Voi vulnerate il progetto del ministro! grida de Virieu. – Mirabeau, che non sapeva cedere senza rispondere, apre francamente i suoi pensieri; confessa che l'indovinano, dicendo che voleva far gravare su Necker tutta la responsabilità dell'evento; dice di non godere l'onore d'essere suo amico; ma quando pure fosse il suo più tenero amico, egli, cittadino avanti a tutto, non esiterebbe un momento a comprometter lui, anzi che l'assemblea: che non credeva in pericolo il regno, se Necker s'ingannasse, ed al contrario la salute pubblica sarebbe assai compromessa, se l'assemblea perdesse la sua reputazione, e fallisse un operazione decisiva. Propone quindi un messaggio per eccitare il patriottismo nazionale, e sostenere il progetto del ministro.

Fu applaudito, ma discutevasi ancora. Eran fatte mille proposizioni, e il tempo perdevasi in vane sottiglieze. Faticato da tante contradizioni, spinto dall'urgenza de' bisogni, risale un'ultima fiata alla tribuna, se n'insignorisce, precisa nuovamente la questione con mirabile lucidezza, e dimostra l'impossibilità di sottrarsi alla necessità del momento. Infiammato allora di genio, dipinge gli orrori del fallimento; lo rappresenta quale imposizione calamitosa, che invece di gravar leggermente su tutti, pesa sopra alcuni che opprime; l'imagina somigliante a voragine ove son precipitate vittime vive, e non si richiude nemmeno dopo averle inghiottite, perchè non siamo men debitori dopo aver negato di pagare. Empiendo in ultimo l'assemblea di terrore. "L'altro giorno, disse, per una proposizione ridicola del Palazzoreale è stato gridato: Catilina è alle porte di Roma, e voi deliberate!

eppure non v'era nè Catilina, nè pericoli, nè Roma; ed oggi l'orribile fallimento è là, che minaccia di consumare voi, l'onor vostro, le vostre fortune; e voi deliberate!"[12] Da questi detti l'assemblea strascinata, si leva mettendo grida d'entusiasmo. Un deputato vuole rispondere; s'avanza, ma spaventato dell'impresa, resta immobile, e senza voce. Allora l'assemblea dichiara, che sentita la relazione della deputazione, approva fiducialmente il progetto del ministro tesoriere. Questo fu un trionfo d'eloquenza; ma non poteva toccare a chi non avesse la ragione e le passioni di Mirabeau.

[12] Adunanze de' 24 e 26 settembre.

# CAPITOLO QUARTO

Intrighi della corte. – Conviti delle guardie del corpo e degli ufiziali del reggimento di Fiandra, in Versailles. – Giornate del 4, 5 e 6 ottobre; fatti tumultuari e sanguinosi. – Aggressione della moltitudine al castello di Versailles. – Il re viene a stare a Parigi. – Stato delle parti. – Il duca d'Orléans abbandona la Francia. – Pratiche di Mirabeau colla corte. – L'assemblea si trasferisce a Parigi. – Legge su i beni del Clero. – Giuramento civile. – Accordo di Mirabeau colla corte. – Bouillé. – Caso di Favras. – Progetti antirivoluzionarii. – Assemblee de' Giacobini, e de' Foglianti.

Mentre l'assemblea stendeva le mani su tutte le parti dell'edifizio sociale, gravi avvenimenti si preparavano. Colla riunione degli ordini la nazione aveva ricuperato tutta la potenza legislativa, e costituente. Col 14 luglio erasi armata per sostenere i suoi rappresentanti. Quindi il re e l'aristocrazia restavano isolati e disarmati, senz'altro che il sentimento de' propri diritti, da nessuno partecipato, ed in presenza d'una nazione capace di tutto imaginar ed eseguire. La corte intanto ritirata in una piccola città popolata solamente de' suoi servitori, era in qualche guisa fuori dell'azione popolare, e poteva anche tentare un bel tiro sull'assemblea. Era naturale che Parigi, situata a poche leghe da Versailles, metropoli del reame, e soggiorno d'immenso popolo, cercasse di ritornare il re nel suo seno, per sottrarlo al potere aristocratico, e ricuperare i vantaggi che la presenza della corte e del governo procuravano ad una città. Dopo aver temperato l'autorità del re, non rimaneva che d'assicurarsi della sua persona. Così portava il corso degli avvenimenti, e da ogni banda s'udiva il grido: *Il re a Parigi!* L'aristocrazia non pensava più a schivare novelle perdite. Troppo spregiava quanto le rimaneva, per pensare a conservarlo; desiderava anzi una mutazione violenta, come la parte popolare. Una rivoluzione è infallibile, quando due parti s'uniscono per volerla. Ambedue conspirano all'avvenimento, e la più forte ne ricoglie il frutto. Mentre i patriotti desideravano di condurre il re a Parigi, la corte macchinava di condurlo a Metz. Là, in una piazza fortificata, egli avrebbe ordinato quanto avesse voluto, o, per dir meglio, quanto si sarebbe voluto per lui. I cortigiani maturavano de' disegni, mandavano attorno de' progetti, cercavano d'assoldar gente, e, abbandonandosi a lusinghiere speranze, si svelavano con imprudenti minacce. D'Estaing, non ha guari sì celebre alla testa de' nostri navili, comandava la guardia nazionale di Versailles. Voleva esser fedele alla nazione e alla corte, impresa difficile e sempre calunniata, e che solo un'alta fermezza può fare onorevole. Conobbe le pratiche dei cortigiani: i primi personaggi erano tra' macchinatori; i testimoni più degni di fede gli erano stati nominati, ed egli scrisse alla regina una volgarissima lettera, ove con rispettosa fermezza le favellava della inconvenienza e del pericolo di tali maneggi. Non le nascose alcuna cosa, e le nominò tutti.[1] La lettera tornò inutile. Intrudendosi in simili imprese, la regina doveva aspettare le rimostranze, e senza farsene meraviglia.

All'epoca stessa, molti visi nuovi comparvero a Versailles; vi furon viste perfino delle divise sconosciute. Fu rattenuta la compagnia delle guardie del corpo, il cui servigio era compito; furon chiamati alcuni dragoni e cacciatori de' Tre Vescovadi. Le guardie francesi, che avevan lasciato il servizio del re, sdegnose che fosse ad altri affidato, tentarono di tornare a Versailles per riprenderlo. Certamente non avevano alcuna ragione di dolersi, giacchè avevano abbandonato da se stesse il servizio; ma furono, dicesi, istigate a tale risoluzione. Fu preteso

---

[1] Vedi la nota 8 alla fine del volume.

a quei giorni, che fosse stata la corte quella che avesse cercato in questo modo di spaurire il re per condurlo a Metz. Un fatto mostra assai quest'intenzione. Dopo i tumulti del Palazzo-reale, Lafayette, per difendere il passaggio da Parigi a Versailles, aveva situato un drappello a Sèvres. Fu costretto a levarlo, a richiesta de' deputati della destra. Lafayette giunse a frenare le guardie francesi, e a svolgerle del loro proposito. Scrisse confidenzialmente al ministro Saint-Priest, per avvisarlo del fatto, e pienamente rassicurarlo. Saint-Priest, abusando della lettera, la fece vedere a d'Estaing; questo la comunicò agli ufiziali della guardia nazionale di Versailles, e al municipio, per avvertirli de' pericoli che avevano minacciato la città, e di quelli che potrebbero ancora minacciarla. Fu proposto di chiamare il reggimento di Fiandra. Molti battaglioni della guardia di Versailles vi s'opposero; ma nondimeno il municipio fece la richiesta, ed il reggimento fu chiamato. Un reggimento contro l'assemblea era poco; ma bastava a rapire il re, e proteggere la sua fuga. D'Estaing avvisò l'assemblea nazionale di questi provvedimenti, e n'ottenne l'approvazione. Giunse il reggimento: il militare apparecchio che il seguitava, benchè poco considerabile, non tolse che non pullulassero de' sospetti. Le guardie del corpo, i cortigiani si gettarono sugli ufiziali colmandoli di carezze; e, come innanzi al 14 luglio, parevano legarsi, intendersi, e nutrire grandi speranze.

La fidanza della corte aumentava i sospetti di Parigi, e presto alcune feste irritarono la miseria del popolo. Il 2 ottobre le guardie del corpo si proposero di fare un convito agli ufiziali della guarnigione. Questo convito fu imbandito nella platea del teatro. I palchetti eran pieni di spettatori cortigianeschi. Gli ufiziali della guardia nazionale erano del numero de' convitati; vivissima gioia regnò per tutta la festa, e ben tosto i vini la cangiarono in effervescenza. Allora vennero introdotti i soldati de' reggimenti. I convitati, a spada nuda, bevono alla salute della famiglia reale; quella della nazione è schifata o negletta ; le trombe suonan l'assalto; sono scalati i palchetti in mezzo alle grida; è intonato il canto sì espressivo, sì noto: *O Riccardo! o mio re! l'universo t'abbandona!* dassi la fede di morire pel re, come se fosse stato in massimo pericolo; al fine il delirio più non vede confini. Coccarde bianche, e nere, ma tutte d'un solo colore, son per tutto distribuite. Le giovani, i giovani si fanno cuore con rimembranze cavalleresche. In quel punto, è fama, che la coccarda nazionale fu calpestata. Questo fatto è stato appresso negato, ma il vino non fa egli tutto credibile, e tutto scusabile. E d'altronde perchè queste riunioni, che non producono da una parte che devozione ingannevole, e dall'altra generano indignazione vera e terribile? Volasi intanto dalla regina, la quale consente di venire al convito. Il re, di ritorno dalla caccia, è circuito e strascinato parimente: si prostrano a' piè d'ambedue, e li riconducono come in trionfo fino al loro quartiere. Certo, egli è dolce, quando si crede d'essere spogliati, minacciati, il ritrovar degli amici; ma perchè si deve egli mai ingannarsi così su i propri diritti, e sulle forze, e su i mezzi?

La nuova di questa festa si divulgò immediatamente, e la fantasia popolare riferendo i fatti, aggiunse senza fallo della propria esagerazione a quella già eccitata dal convito. Le promesse fatte al re furono giudicate minacce alla nazione; la prodigalità, riguardata come oltraggio alla pubblica miseria: e le grida *a Versailles!* ricominciarono più forti che mai. Così, piccole cause s'aggiungevano per aiutare l'effetto delle cause generali. A Parigi mostraronsi dei giovani con coccarde nere, e furono inseguiti; uno di loro fu strascinato dal popolo; ed il comune si vide costretto a proibire le coccarde d'un solo colore.

Il giorno appresso del funesto banchetto, un altro fatto quasi somigliante accadde, ad una colazione, ministrata dalle guardie del corpo nella scuola di cavallerizza. Presentaronsi di bel nuovo alla regina, la quale disse di essere stata contenta della giornata del giovedì: ella veniva volentieri ascoltata; perchè, meno riservata del re, aspettavasi dalla sua lingua la rivelazione dell'intenzioni di corte; e tutte le sue parole erano ripetute. L'irritazione salì al colmo, e parevano imminenti i casi più sinistri. Un movimento conveniva, al popolo, per impadronirsi del re; alla corte, perchè la paura lo traesse a Metz. Conveniva eziandio al duca d'Orléans, il quale sperava d'ottenere la luogotenenza del regno, se il re fossesi allontanato; è stato anche detto, che questo principe ergesse le sue speranze alla corona; ciò che sembra poco credibile, non avendo egli tanto ardire di mente per ambizione sì grande. I vantaggi, che poteva raccogliere da questa nuova sollevazione, l'han fatto accusare d'avervi partecipato; pure non è così. Egli non poteva darle l'impulso, giacchè e' derivava dalla natura delle cose, e sembra, al più, averla secondata; ed anche a questo riguardo, un'immensa procedura ed il tempo che tutto rivela, non hanno offerto alcuna traccia di disegno preparato.

Certamente, anche questa volta, il duca d'Orléans non ha fatto altro, come in tutto il resto della rivoluzione, che seguire il moto popolare, diffondendo forse un po' d'oro, dando materia a discorrere, e non avendo altrochè vaghe speranze.

Il popolo, agitato dalle discussioni del divieto, irritato dalle coccarde nere, travagliato dalle continue ronde, e tormentato dalla fame, si sollevava. Bailly e Necker non avevano nulla obliato per fare abondare le vettovaglie; ma o la difficoltà de' trasporti, o gli spogli che seguivano sul cammino, o piuttosto l'impossibilità di raggiungere il moto spontaneo del commercio, facevano sì, che le farine mancavano. Il 4 ottobre l'agitazione fu più grande che mai. Parlavasi della partenza del re per Metz, della necessità d'andarlo a trovare a Versailles; facevasi la posta alle coccarde nere, e si domandava del pane. Ronde numerose poterono frenare il popolo. La notte passò assai quieta. Il giorno dopo, 5, le turme ricominciarono dal mattino. Le donne si condussero a' fornai; il pane mancava, ed elle corsero al palazzo del comune per rammaricarsi coi rappresentanti. Questi non erano ancora adunati, e un battaglione di guardie nazionali stava schierato sulla piazza. S'aggiunsero degli uomini a quelle donne, ma esse li ricusaron dicendo, che gli uomini non sapevan fare. Scagliaronsi allora sul battaglione, e lo fecero ripiegare a furia di sassate. Intanto, essendo stata forzata una porta, il palazzo fu invaso, i briganti colle picche vi si precipitarono insiem colle donne, e tentarono di dargli fuoco. Si giunse a allontanarli, ma s'impadronirono della porta che mena alla gran campana, e sonarono a stormo. I sobborghi si misero in movimento. Un cittadino, chiamato Maillard, un di coloro che s'eran distinti alla presa della Bastiglia, conferì coll'ufiziale comandante il battaglione della guardia nazionale, per trovar modo di liberare il palazzo da quelle femmine furibonde. L'ufiziale non osò approvare il modo propostogli: di riunirle col pretesto di condurle a Versailles, ma senza però condurvele. Maillard, non ostante, si decise, prese un tamburo e se le tirò dietro. Erano armate di bastoni, di manichi di granate, di schioppi, e di coltelle. Con questo bizzarro esercito discese lungo la Senna, traversò il Louvre, fu costretto suo malgrado di menar queste donne a traverso le Tuileries, e giunse a' Campi-Elisi. Ivi potè disarmarle, significando loro, meglio tornare di presentarsi all'assemblea come supplichevoli che armate come furie. Acconsentirono; e Maillard fu costretto di menarle a Versailles, giacchè non era più possibile di distornarle. Tutto, allora conspirava a questo scopo. Torme partivano traendo cannoni; altre circuivano la guardia nazionale, la quale parimente circuiva il suo capo per tirarlo a Varsailles, segno comune di tutte le brame.

Intanto la corte stava tranquilla; ma l'assemblea riceveva in tumulto un messaggio del re. Ella avea presentato alla sua accettazione gli articoli costituzionali, e la dichiarazione de' diritti. La risposta doveva essere l'accettazione pura e semplice, colla promessa di promulgazione. Per la seconda volta il re, senza bene spiegarsi, dirigeva delle osservazioni all'assemblea; dava la sua *accessione* agli articoli costituzionali, senza per altro approvarli; trovava delle buone massime nella dichiarazione de' diritti, ma avevano bisogno di spiegazioni; il tutto in somma non poteva essere giudicato, che quando il complesso della costituzione fosse compito. Questa certamente era un'opinione tenibile; molti pubblicisti la professavano; ma era egli il momento opportuno d'esprimerla? Appena letta questa risposta, si levan lamenti. Robespierre dice, che il re non deve criticare l'assemblea; Duport, che questa risposta doveva essere sottoscritta da un ministro responsabile. Pétion ne coglie occasione di rammentare il convito delle guardie del corpo, e denuncia le imprecazioni proferite contro l'assemblea. Grégoire favella della carestia, e domanda ragione d'una lettera scritta ad un molinaro, promettendogli dugento lire la settimana se non macinasse. La lettera non rilevava nulla, giacchè tutti i partiti potevano averla scritta; pure messe un gran tumulto, e de Monspey intima Pétion a segnare la sua denunzia. Allora Mirabeau, che aveva, anche alla tribuna, condannato il procedere di Pétion e di Grégoire, presentossi per rispondere a de Monspey. "Ho già condannato il primo queste denunzie imprudenti, disse; ma, qualora s'insista, io stesso denunzierò, e segnerò, purchè si dichiari che non v'è d'inviolabile in Francia altri che il re." A questa terribile apostrofe, tacquesi e tornossi alla risposta del re. Erano le undici del mattino: si seppero i moti di Parigi. Mirabeau s'avanza verso il presidente Mounier, che eletto novellamente malgrado del Palazzo-reale, e minacciato di gloriosa caduta, andava a spiegare in questa trista giornata un'indomita fermezza. Mirabeau appressategli, disse. – Parigi marcia sopra di noi: se vi cale, andate al castello a dire al re, che accetti puramente e semplicemente. – Se Parigi marcia, tanto meglio, rispose Mounier; ci uccidan tutti; ma tutti; lo stato vi guadagnerà. – Il motto è veramente grazioso, replicò Mirabeau, e ritornò al suo posto. La discussione continuò fino alle tre, e fu risoluto che il presidente si rendesse dal re a domandargli l'accettazione pura e semplice. Nel momento che Mounier partiva per andare al castello, fu annunziata una deputazione; era Maillard, e le donne il seguitavano. Maillard chiese di passare, e di parlare; introdotto, le donne gli si spingono dietro, e penetrano nella sala. Egli espone quello che era accaduto, la mancanza di pane, e la disperazione del popolo; parla della lettera scritta al molinaro, e sostiene che un tale trovato per via, aveva detto loro che un parroco era incaricato di denunziarla. Il parroco era Grégoire, il quale, come si è visto, aveva fatto la denunzia. Una voce accusò allora il vescovo di Parigi, Juigné, come autore della lettera. Grida d'indignazione sollevansi per respingere l'imputazione fatta al virtuoso prelato. È richiamato al dovere Maillard e la sua deputazione: gli è detto, che de' rimedi sono stati presi per provvedere Parigi; che il re non ha niente obliato; che andavasi a supplicarlo di prendere delle nuove risoluzioni; che bisognava ritirarsi; e che il tumulto non è la maniera per far cessare la carestia. Mounier allora parte per andare al castello; ma le donne lo circondano, e lo vogliono accompagnare; egli da principio ricusa, ma è costretto d'ammetterne sei. Attraversa le turbe venute da Parigi, armate di picche, di scuri, e di bastoni ferrati. Pioveva dirottamente. Una brigata di guardie del corpo piomba addosso alla turba che circonda il presidente, e la disperde; ma le donne raggiungon tosto Mounier, ed egli giunge al castello, ove il raggimento di Fiandra, i dragoni, gli Svizzeri, e la milizia nazionale di Versailles erano schierati in battaglia. In vece di sei donne, è costretto ad introdurne dodici. Il re le accoglie con bontà, e compiange la loro miseria: elle sono commosse. Una di loro, giovine e bella, si smarrisce alla vista del monarca, e può appena pronunziare questi accenti: *Del pane*. Il re, intenerito, l'abbraccia, e le donne se ne ritornano commosse da questa accoglienza. Le loro compagne le ricevono alla porta del castello: non voglion credere al racconto, dicono che si son lasciate sedurre, e s'accingono a lacerarle. Le guardie del corpo, comandate dal conte de Guiche, corrono per liberarle; vengono da diverse parti de' colpi di fucile, cadono due guardie, e molte donne restan ferite. Non lungi di lì, un uomo del popolo, alla testa d'alcune donne penetra a traverso de' battaglioni, e s'avanza fino a' cancelli del castello. De Savonnières l'insegue, ma è colto da una palla in un braccio che glielo rompe. Questi combattimenti producono da una parte e dall'altra la massima irritazione. Il re, avvisato del pericolo, fece ordinare alle guardie di non far fuoco, e di ritirarsi al loro quartiere. Nel mentre si ritiravano, alcuni colpi di fucile ricambiaronsi tra loro e la guardia nazionale di Versailles, senza poter sapere da qual banda partissero i primi colpi.

Nel tempo di questo disordine il re teneva consiglio, e Mounier attendeva impazientemente la risposta. Questo gli faceva ripetere ad ogni istante, che le sue funzioni lo chiamavano all'assemblea; che la novella della sanzione calmerebbe tutti gli animi, e che si ritirerebbe se non gli si desse risposta; giacchè non voleva più lungamente lasciare il suo posto. Deliberavasi in consiglio la partenza del re; il consiglio durò dalle sei alle dieci della sera, ed il re non volle, si disse, lasciare il posto vacante al duca d'Orléans. Volevasi far partire la regina e i figli, ma la folla arrestò le vetture appena comparvero, e d'altronde la regina avea coraggiosamente risoluto di non abbandonare il suo sposo. Finalmente verso le dieci Mounier ottenne l'accettazione pura e semplice, e ritornò all'assemblea. I deputati eransi separati, e le donne occupavan la sala. Annunziò loro l'accettazione del re, ciò che intesero meravigliandosi, e domandando se la loro sorte ne sarebbe fatta migliore, e massime se avrebber del pane. Mounier rispose loro alla meglio che potè, e fece distribuire tutto il pane che fu possibile di trovare. In questa notte, ove i torti son cotanto difficili a difinire, il municipio ebbe quello di non provvedere a' bisogni di questa folla affamata, che il difetto di pane aveva tratto fuor di Parigi, e quindi non avea potuto trovarne sulle vie.

In, quel momento udissi l'arrivo di Lafayette. Aveva per otto ore conteso alla milizia nazionale di Parigi d'andare a Versailles. Uno de' suoi granatieri gli avea detto: "Capitano, voi non c'ingannate, ma siete ingannato. Invece di volgere l'armi contro le donne, andiamo a trovare il re a Versailles, per assicurarci delle sue intenzioni, mettendolo in mezzo di noi." Lafayette avea fatto fronte alle sollecitazioni dell'esercito, e all'impeto della moltitudine. I suoi soldati non gli erano avvinti per la vittoria, ma per l'opinione, e abbandonandolo la loro opinione, non poteva più condurli. Non ostante avea potuto tenerli fino alla sera; ma la sua voce non giungeva che a poca distanza, e al di là nulla calmava il furor popolare. La sua testa era stata più volte minacciata; eppure resisteva ancora. Frattanto sapeva che le turme continuamente partivano da Parigi; la sollevazione tramutandosi a Versailles, suo dovere era di seguitarla. Il comune gl'ingiunse d'andarvi, e partì. Per la via, ferme le schiere, fece loro prestar giuramento d'esser fedeli al re, ed arrivò a Versailles verso la mezza notte. Annunziò a Mounier, che le sue genti avevan promesso di compiere il loro dovere, e che non sarebbe fatto nulla di contrario alla legge. Corse al castello; si mostrò pien di rispetto e di dolore, fece conoscere al re le precauzioni che erano state prese, e rassicurò della propria devozione e di quella dell'esercito. Il re sembrò tranquillarsi, e si ritrasse per prender riposo. La guardia del castello fu negata a Lafayette; non gli fu confidato che i posti esteriori. Gli altri posti erano destinati al raggimento di Fiandra, le cui intenzioni non eran sicure, agli Svizzeri, e alle guardie del corpo. Queste da prima avevan avuto ordine di ritirarsi: quindi erano state richiamate, e non avendo potuto riunirsi, non si trovavano che in poco numero al loro posto. Nella confusione che dominava, tutti i punti accessibili non erano stati muniti; un cancello era anche restato aperto. Lafayette fece occupare i posti esteriori che gli furono confidati, e alcuno di questi non fu forzato, e nemmeno assalito.

L'assemblea, ad onta del trambusto, aveva riaperto adunanza, e proseguiva una discussione sulle leggi penali nell'attitudine la più degna.

Di tempo in tempo il popolo interrompeva la discussione domandando del pane. Mirabeau, fatigato, gridò con forte voce, che l'assemblea non prendeva legge da nissuno, e che farebbe sgombrar le tribune. Il popolo coprì quest'apostrofe d'applausi; nondimeno non conveniva all'assemblea di resister più oltre. Avendo Lafayette fatto dire a Mounier, che tutto gli pareva tranquillo, e che poteva lasciar partire i deputati, l'assemblea si sciolse circa alla metà della notte, aggiornandosi al dimani 6, a undici ore.

Il popolo s'era sparso di qua, e di là, e pareva quietato. Lafayette aveva ragione di star sicuro, per la devozione dell'esercito che veramente non si smentì, e per la calma che sembrava da per tutto regnare. Aveva assicurato il quartiere delle guardie del corpo, e mandato in giro ronde numerose. Alle cinque del mattino era sempre in piedi. Credendo allora tutto quietato, prese una bevanda, e gettossi sovr'un letto per prendere riposo, di che era privo da ventiquattro ore.[2]

In quell'istante il popolo cominciava a risvegliarsi, e già percorreva intorno al castello. S'accese una rissa con una guardia del corpo, che fece fuoco dalle finestre. I briganti si lanciano subitamente, entrano dal cancello rimasto aperto, salgono una scala trovata libera, e son fermati da due guardie del corpo che si difendono eroicamente, non cedendo il suolo che passo a passo, e ritraendosi di porta in porta. Uno di questi generosi servitori era Miomandre. "Salvate la regina!" gridò. Il grido è inteso, la regina fugge tremando presso del re. Mentre fuggiva, i briganti precipitansi, trovano il talamo reale deserto, e tentano passare più oltre; ma son nuovamente arrestati dalle guardie del corpo, ridotte in gran numero, su questo punto. Frattanto le guardie francesi dipendenti da Lafayette poste presso il castello, udito il romore, corrono e sperdono i briganti. Presentatesi alla porta, dietro la quale s'erano afforzate le guardie del corpo: "Aprite, dicono,

---

[2] Vedi la nota 9 alla fine del volume.

le guardie francesi non hanno obliato, che a Fontenoi avete salvato il loro reggimento!" È aperto e s'abbracciano.

Il tumulto regnava di fuori. Lafayette che appena da qualche minuto si riposava, e che pure non erasi addormentato, udito il romore, si gitta sul primo cavallo, e scagliasi in mezzo alla zuffa, ove trova molte guardie del corpo che stavano per essere trucidate. Mentre liberavale, ordinò alle sue genti di correre al castello, e restossi quasi solo in mezzo a' briganti. Uno di questi gli prese la mira; Lafayette, senza smarrirsi, ordina al popolo di menarglielo lì; il popolo subito afferra il colpevole, e sotto gli occhi di Lafayette gli frange la testa sul suolo. Lafayette, liberate le guardie del corpo, vola con esse al castello, ove trova che erano già arrivati i suoi granatieri. Viene da loro circondato, e gli promettono di morire pel re. Intanto le guardie del corpo, campate dalla morte, gridavano, *viva Lafayette!* Tutta la corte, che vedevasi per lui e per la sua milizia salvata, confessava di dovergli la vita; i segni di gratitudine erano universali. Madama Adelaide, zia del re, corre a stringerlo fra le braccia, dicendo: Capitano, ci avete salvato!

Il popolo domandava ad alte grida, che Luigi XVI venisse a Parigi. Fu tenuto consiglio. Lafayette, invitato ad assistervi, ricusò per non violarne la libertà! Fu risoluto finalmente che la corte s'arrenderebbe alle brame del popolo. Furon gettati biglietti dalle finestre con questa novella. Luigi XVI si presentò al balcone col capitano, e fu accolto dalle grida, *viva il re.* Ma non fu così della regina; voci minacciose s'alzarono contro di lei. Lafayette le s'appressa, dicendole: Madama, che desiderate di fare? — Accompagnare il re, risponde animosamente la regina. — Seguitemi, ripiglia il capitano, e la conduce tutta confusa al balcone. Alcune minacce son lanciate da persone del popolo. Poteva arrivare un colpo funesto; non potendo intendersi le parole, bisognava colpire gli occhi. Chinandosi allora, e prendendo la mano della regina, il duce la baciò reverentemente. Quel popolo francese trasportasi a quella vista, e conferma la riconciliazione co' gridi *viva la regina! viva Lafayette!* La pace non era fatta colle guardie del corpo. Non fate niente per le mie guardie? disse il re a Lafayette. Questo ne prende una, la mena al balcone, e l'abbraccia mettendole la sua tracolla. Novellamente il popolo approva, e rafferma con applausi questa nuova riconciliazione.

L'assemblea non aveva stimato della sua dignità di condursi presso il monarca, quantunque l'avesse richiesto. Erasi contentata di mandare presso di lui una deputazione di trentasei membri. Dacchè intese della sua partenza, decretò che ella era inseparabile dalla persona del re, e destinò cento deputati per accompagnarlo a Parigi. Il re ricevuto il decreto, si mise in cammino.

Le più grosse bande erano già partite. Lafayette l'aveva fatte seguitare da una parte dell'esercito, per impedirle di tornare addietro. Aveva dato ordine di disarmare i briganti, che portavano in cima delle picche le teste di due guardie del corpo. Quest'orribile trofeo fu loro ritolto, e non è vero che precedesse la vettura del re.

Luigi XVI giunse alfine, circondato da una frequenza considerabile, e fu ricevuto da Bailly al palazzo del comune. — Ritorno con fiducia, disse il re, in mezzo del mio popolo di Parigi. — Bailly ridice queste parole a quelli che non potevan udirle, omettendo *con fiducia.* — Aggiungete *con fiducia*, dice la regina. — Meglio per voi, soggiunge loro Bailly, che se l'avessi pronunziato io.

La famiglia reale andò al palagio delle Tuileries, il quale non era stato abitato da un secolo in qua, e non v'era stato tempo di farvi alcun preparativo necessario. Ne fu data la guardia alle milizie parigine, e Lafayette trovossi così incaricato di rispondere alla nazione della persona del re, che tutti i partiti si contendevano. I nobili volevano condurlo in una piazza fortificata, per esercitare in suo nome il dispotismo; la parte popolare, che non pensava ancora a disfarsene, voleva guardarlo per compire la costituzione, e togliere il capo alla guerra civile. Ond'è, che la malevoglienza de' privilegiati chiamò Lafayette carceriere. Eppure la sua vigilanza non provava altra cosa, che il puro desiderio d'avere un re.

Da questo punto la condotta de' partiti procede d'una foggia novella. L'aristocrazia, rimossa da Luigi XVI, non potendo eseguire nissuna impresa al suo fianco, si sparse all'esterno, e per le provincie. D'allora in poi l'emigrazione cominciò a farsi considerabile. Un numero grande di nobili rifuggirono a Torino, presso il conte d'Artois, venuto a trovare asilo dal suocero. Ivi la loro politica consisteva nel concitare i dipartimenti del Mezzogiorno, ed a spacciare che il re non era libero. La regina, come austriaca, e inoltre, come nemica della nuova corte formata a Torino, rivolgeva le sue speranze verso dell'Austria. Il re, in mezzo a questi rigiri, vedeva tutto, non impediva niente, ed aspettava la sua salvezza da qualunque parte si fusse. Per intervallo, dava le mentite richieste dall'assemblea, e non era veramente più libero di quello che sarebbe stato a Torino, o a Coblenza, di quello che era stato con Maurepas; perchè la sorte de' deboli è quella di dipender sempre.

La parte popolare, ormai trionfante, trovavasi divisa tra il duca d'Orléans, Lafayette, Mirabeau, Barnave, e i Lameth. La pubblica voce, accusava il duca d'Orléans e Mirabeau autori dell'ultima sollevazione. Testimoni non indegni di fede, asserivano d'aver veduto il duca e Mirabeau sul fatal campo di battaglia del 6 ottobre. Questi fatti furono più tardi smentiti ma al presente vi si credeva. I più audaci calunniatori dicevano, che i congiurati volevano allontanare il re, ed anche ucciderlo. Il duca d'Orléans, aggiungevasi, voleva essere luogotenente del regno, e Mirabeau ministro. Niuno di tai disegni essendo successo, Lafayette sembrava averli mandati falliti colla sua presenza, ed era tenuto il salvatore del re, e il vincitore del duca d'Orléans, e di Mirabeau. La corte, che non aveva ancora avuto tempo di farsi ingrata, dichiarava Lafayette suo salvatore, e in quel momento la potenza del capitano sembrava immensa. I patriotti effervescenti ne presero sospetto, e già mormoravano il nome di Cromvello. Mirabeau, che siccome presto vedrassi, non aveva nulla di comune col duca d'Orléans, era geloso di Lafayette, e chiamavalo Cromvello-Grandisson. L'aristocrazia secondava questi sospetti, aggiungendovi anche le sue proprie calunnie. Ma Lafayette era deliberato, a fronte di tutti gli ostacoli, di sostenere il re e la costituzione. Per lo che risolse prima d'allontanare il duca d'Orléans, la cui presenza alimentava molti romori, e poteva fornire se non i mezzi, almeno i pretesti di turbolenze. Ebbe una conferenza col principe, intimorillo colla risolutezza, e l'obbligò a partire. Il re, che partecipava al disegno, finse, per l'usata debolezza, di essere astretto a questo partito, e scrivendo al duca d'Orléans, dissegli bisognar che esso o de Lafayette si ritraesse; che nello stato delle opinioni l'alternativa non era dubbiosa, e quindi gli dava una commissione per l'Inghilterra. Si è appresso saputo, che de Montmorin ministro degli affari stranieri, per liberarsi dall'ambizione del duca d'Orléans, l'aveva diretto ne' Paesi-Bassi, allora sollevati contro dell'Austria, facendogli sperare il titolo di duca del Brabante.[3] I suoi amici, avvertiti di questa risoluzione, sdegnaronsi della sua debolezza. Di lui più ambiziosi, non volevano che cedesse; andarono da Mirabeau, e gl'insinuarono di denunciare alla tribuna le violenze che Lafayette esercitava verso del principe. Mirabeau, geloso già dell'aura popolare del capitano, fece dire al duca ed a lui, che denunzierebbeli alla tribuna ambedue, se la partenza per l'Inghilterra accadesse. Il duca di Orléans vacillò. Una nuova intimazione di Lafayette il decise; e Mirabeau, ricevendo in assemblea un biglietto, contenente l'annunzio della partenza del principe, disse indispettito: *Non merita la pena che si danno per lui.*[4] Questo detto, e molt'al-

---

[3] Vedi le memorie di Dumouriez.

tri ugualmente inconsiderati, l'han fatto incolpare sovente d'essere agente del duca d'Orléans; ma nol fu giammai. I suoi bisogni, la temerità dei discorsi, la familiarità col duca d'Orléans, che era però uguale con tutti, la proposizione per la successione di Spagna, finalmente l'opposizione alla partenza del duca, dovevano risvegliar de' sospetti; ma non è men vero che Mirabeau era scevro di parte, e senza pure altra mira che quella di distruggere l'aristocrazia, e la potestà arbitraria.

Gli autori di questi sospetti avrebber dovuto sapere, che Mirabeau era allora ridotto ad accattare le somme più tenui; cosa che non avrebbe fatto, se fosse stato l'agente d'un principe immensamente ricco, il quale dicevasi quasi ruinato da' suoi fautori. Mirabeau aveva già presentito la dissoluzione prossima dello stato. Una conferenza con un intimo amico, che durò una notte intiera nel parco di Versailles, svolse presso di lui un disegno intieramente nuovo; e lusingossi per la sua gloria, per la salute dello stato, ed anche per la sua propria fortuna (perchè Mirabeau era uomo da condurre tutti questi interessi uniti),[5] di restare inalterabile tra i disordinatori e il trono, e di consolidare la monarchia procacciandosi un posto. La corte aveva tentato di guadagnarlo, ma aveva agito improvidamente, e senza i riguardi necessarii con uomo di tanta fierezza, il quale voleva conservare la sua popolarità, in difetto della stima che ancor non aveva. Malouet, amico di Necker, e congiunto con Mirabeau, voleva procurare intelligenza fra loro Mirabeau erasi sovente ricusato;[6] persuaso di non poter mai accordarsi col ministro. Pure vi consentì. Malouet l'intromise, e l'incompatibilità dei due caratteri fu anco meglio sentita dopo questo

---

[4] Vedi la nota 10 alla fin del volume.

[5] Pare impossibile! T.

[6] Malouet, e Bertrand de Molleville non hanno esitato a scrivere il contrario, ma il fatto che si asserisce è assicurato dai testimoni più degni di fede.

colloquio ove, a confessione di tutti gli astanti, Mirabeau mostrò la superiorità che aveva tanto nella vita privata, che alla tribuna. Fu sparso, che avesse voluto farsi comprare, e che Necker non avendogli fatto alcuna proposizione, avesse detto partendo: *Il ministro sentirà le mie nuove.* È questa pure un'interpretazione di parte, ma è falsa. Malouet aveva proposto a Mirabeau, che sapevasi sodisfatto alla libertà acquistata, di intendersela col ministro, e niente di più. Inoltre, a questa medesima epoca un trattato diretto aprivasi colla corte. Un principe straniero, congiunto cogli uomini di tutti i partiti, fece le prime proposizioni. Un amico, che serviva di mediatore, fece intendere che non si poteva ottenere da Mirabeau alcun sacrifizio de' suoi principii; ma che volendo stare alla costituzione, troverebbesi in lui un sostegno fermissimo che le condizioni erano dettate dal suo stato; che bisognava, per interesse anche di coloro che volevano usarne, rendere tale stato onorevole e indipendente, vale a dire pagare i suoi debiti; che finalmente bisognava interessarlo al nuovo ordine sociale, e, senza dargli al presente un ministero, farglielo sperare per l'avvenire.[7] Le pratiche non furon intieramente ultimate, che due o tre mesi appresso, cioè ne' primi mesi del 1790. Gli storici, non ben consapevoli di questi particolari, e illusi dalla perseveranza di Mirabeau nel combattere l'autorità, hanno messo la conclusione di questo trattato più tardi. Pure fu come concluso fin dal principio del 1790. Il faremo a suo tempo conoscere.

Barnave, e i Lameth non potevano rivaleggiare con Mirabeau, che per una più grande patria rigidezza. Ammoniti delle pratiche che accadevano, avvalorarono la voce già divulgata, che fosse per conferirglisi un ministero, onde così rapirgli la facoltà d'accettarlo. Un'occasione per impedirnelo, s'offerse ben presto. I ministri non

---

[7] Vedi la nota 11 alla fin del volume.

avevan diritto di parlare in assemblea.[8] Mirabeau non voleva, salendo al governo, perdere la parola, la quale era il suo miglior argomento di potere; bramava anche di tirar Necker alla tribuna per superarlo. Propose adunque di concedere voce consultiva a' ministri. La parte popolare, sollevata, vi s'oppose senza plausibil cagione, parendo temere le seduzioni de' ministri.

Ma questi timori non erano ragionevoli, perchè, non per pubbliche comunicazioni corrompono ordinariamente i ministri la rappresentazione nazionale. La proposizione di Mirabeau fu rigettata; e Lanjuinais, portando il rigore ancora più lungi, propose d'interdire a' presenti deputati l'ufficio di ministri. La discussione fu veemente. Quantunque la causa di queste proposizioni fosse nota, non era però confessata, e Mirabeau, che non poteva dissimulare, esclamò alfine che non bisognava per un sol uomo prendere una risoluzione funesta allo stato; che egli aderirebbe al decreto, a patto che fosse interdetto il ministero, non a tutti i deputati presenti, ma soltanto a Mirabeau, deputato del siniscalcato d'Aix. Tanta franchezza ed audacia tornarono inutili, e il decreto fu vinto all'unanimità.

Si è visto, come lo stato dividevasi tra gli emigrati, la regina, il re, e i diversi capi popolani, come Lafayette, Mirabeau, Barnave, e Lameth. Non era possibile per un pezzo altro avvenimento decisivo come quello del 14 luglio, o del 5 ottobre. Facea d'uopo, che nuovi contrasti irritassero la corte e il popolo, e partorissero un forte conflitto.

L'assemblea s'era trasferita a Parigi,[9] dopo d'avere ricevuto dal comune ripetute assicurazioni di tranquillità, e la promessa di una piena libertà di suffragi. Mounier, e Lally-Tolendal, sdegnati degli avvenimenti del 5 ottobre, avevan dato la loro renunzia, dicendo di

---

[8] È così anche a Vàsintona. T.

[9] Tenne la sua prima adunanza nell'Arcivescovado il 19 ottobre.

non voler essere nè spettatori nè complici de' misfatti de' faziosi. Dovettero pentirsi di quest'abbandono della cosa pubblica, massime vedendo Maury, e Cazalès, che s'erano allontanati dall'assemblea, tosto tornarvi per difendere animosamente, e fino alla fine, la causa da loro abbracciata. Mounier, ritiratosi nel Delfinato, adunò gli stati della provincia; ma ben presto un decreto li fece disciogliere senza la menoma opposizione. In tal guisa Mounier, e Lally, che all'epoca della riunione degli ordini, e del giuramento del giuoco della palla erano gli eroi del popolo, non valevan più nulla a' suoi occhi. I parlamenti erano stati sorpassati i primi dalla potenza popolana; Mounier, Lally, e Necker lo erano stati dopo di quelli; e presto molt'altri il saran parimente.

La carestia, causa esagerata ma vera di agitazioni, produsse ancora un altro delitto. Il fornajo Francesco fu trucidato da alcuni briganti.[10] Lafayette potè far arrestare i colpevoli, e li rimise al Castelletto, tribunale munito di giurisdizione straordinaria per tutti i delitti riferibili alla rivoluzione. Ivi erano in giudizio Besenval, e tutti gli accusati di partecipazione alla cospirazione aristocratica, ita in fallo il 14 luglio. Il Castelletto doveva giudicare con forme novelle. Attendendo l'uso del giudizio del fatto, che non era ancora stato instituito, l'assemblea aveva comandato la pubblicità, la difesa contradittoria, e tutte le precauzioni conservatrici dall'innocenza. Gli assassini di Francesco furono condannati, e la tranquillità ristabilita. Lafayette, e Bailly proposero in questa occasione la legge marziale. Combattuta vivamente da Robespierre, che fin d'ora mostravasi caldo partigiano del popolo e de' poveri, fu non ostante approvata dalla pluralità (decreto del 21 ottobre). In virtù di questa legge i municipi rispondevano della pubblica tranquillità; in caso di turbolenze, erano incaricati di chiamar la milizia, o la guardia nazionale, e dopo tre intimazioni, dovevano

[10] 20 ottobre.

comandare l'uso della forza contro le riunioni sediziose. Una deputazione di ricerche fu stabilita al comune di Parigi, e nell'assemblea nazionale, per invigilare i tanti nemici, le cui trame s'intersecavano per tutti i versi. Nè tutti questi rimedi eran troppi, per deludere i disegni di tanti avversari, congiurati contro la nuova rivoluzione. I lavori costituzionali si proseguivano fervorosamente. Era stata abolita la feudalità; ma restava ancora da prendere un'ultima risoluzione per distruggere quelle grandi corporazioni, che erano state nemici costituiti nello stato, contro lo stato. Il clero possedeva proprietà immense. L'aveva ricevute da' principi, a titolo di gratificazioni feudali; o dai fedeli, a titolo di legati. Se le proprietà dei privati, frutto e intento del lavoro, dovevano essere rispettate, quelle che erano state donate a delle corporazioni per un certo fine, potevano dalla legge ricevere un'altra destinazione. Erano state donate per servigio della religione, o almeno sotto questo pretesto: ora, la religione essendo un servigio pubblico, la legge poteva regolare i mezzi di provvedervi in una altra maniera. L'abate Maury spiegò quivi la sua imperturbabile facondia; mise all'arme i possidenti, gl'intimorì di vicina usurpazione, e pretese che si sacrificavano le provincie agli usurai di cedole della capitale. Il suo curioso sofisma merita d'essere raccontato. Disponevasi de' beni del clero per pagare il debito dello stato; i creditori di questo debito erano i grandi capitalisti di Parigi; i beni che loro offrivansi, erano nelle provincie: da ciò, l'intrepido ragionatore concludeva, che era un sagrificar le provincie alla capitale; come se, al contrario, le provincie non guadagnassero alla nuova divisione di quegl'immensi dominj, riservati fin'allora al lusso di pochi ecclesiastici oziosi. Tutti i suoi sforzi furono inutili. Il vescovo d'Autun, autore della proposizione, e il deputato Thouret, distrussero i vani sofismi. Passavasi già a decretare che i beni del clero appartenevano allo stato; nondimeno gli oppositori insistevano ancora sulla questione di  proprietà. Rispondevasi, che quand'anche fossero proprietari, si poteva servirsi de' loro beni, perchè spesse volte questi beni erano stati adoprati, ne' casi urgenti, al servizio dello stato. Essi non lo negavano. Mirabeau allora, profittando della loro confessione, propose di mutare la parola *appartengono* coll'altra: sono *a disposizione dello stato*, e la discussione fu subito finita ad una grande pluralità (legge de' 2 novembre). L'assemblea distrusse così la terribil potenza del clero, il lusso de' grandi dell'ordine, e si procurò gl'immensi soccorsi pecuniari, che alimentarono sì lungamente la rivoluzione. Nel medesimo tempo assicurò il mantenimento dei parrochi, decretando che la loro provvisione non potesse esser minore di mille dugento franchi, e v'aggiunse di più il godimento d'una casa canonicale, e d'un orto. Dichiarò di non riconoscer più voti religiosi, e rese la libertà a tutti i claustrali, lasciando tuttavia la facoltà a coloro che il bramassero, di continuare la vita monastica; e perchè i loro beni eran sottratti, vi supplì colle pensioni. Portando la sua previdenza più lungi ancora, stabilì una differenza tra gli ordini ricchi, e gli ordini mendicanti, ragguagliando il trattamento degli uni e degli altri secondo il loro antico stato. Fece l'istesso per le pensioni; e quando il giansenista Camus, volendo ritornare alla semplicità evangelica, propose di ridurre tutte le pensioni ad un medesimo paragone, infinitamente modico, l'assemblea, sull'avviso di Mirabeau, le ridusse a ragguaglio del loro valore presente, e convenevolmente all'antico stato de' pensionati. Non si poteva dunque spinger più oltre il riguardo alle abitudini, ed in questo consiste *il vero rispetto* delle propietà. Parimente, allorquando i protestanti, già spatriati dopo la revoca dell'editto di Nantes, rivendicarono i loro beni, l'assemblea non rese loro che quelli che non erano stati venduti.

Prudente, e piena di riguardi per le persone, ella trattava più arditamente le cose, e si mostrava assai più audace nelle materie di costituzione. Erano state fissate le attribuzioni de' grandi poteri; trattavasi di dividere il territorio del regno. Era stato sempre diviso in

Provincie, aggregate successivamente all'antica Francia. Queste provincie, differenti tra loro di leggi, di privilegi, di costumi, formavano un tutto il più disparato. Sieyes formò il progetto di rifonderle in una nuova divisione, che distruggesse gli antichi confini, e tornasse tutte le parti del regno alle medesime leggi ed al medesimo spirito. Questo fu fatto colla divisione per dipartimenti. I dipartimenti furono divisi in distretti, e i distretti in municipi. In tutte queste parti fu fondato il principio della rappresentanza. L'amministrazione dipartimentale, quella di distretto, e quella dei comuni, furono affidate ad un consiglio deliberativo, e ad un consiglio esecutivo, ugualmente elettivi... Queste diverse autorità dipendevano le une dalle altre, e avevano nell'estensione della loro giurisdizione le medesime attribuzioni. Il dipartimento faceva la divisione dell'imposizioni tra i distretti, i distretti tra i comuni, e il comune tra i privati.

L'assemblea definì quindi la qualità di cittadino esercente i diritti politici. Fissò venticinque anni, e la contribuzione d'un marco d'argento. Ogni individuo avente queste condizioni, ebbe il titolo di cittadino attivo, e coloro che non le avevano, si chiamarono cittadini passivi. Queste denominazioni assai semplici, furon volte in ridicolo, perchè prendesi coi nomi quando si vogliono screditare le cose; ma esse erano naturali, ed esprimevano bene il loro oggetto. Il cittadino attivo concorreva alle elezioni per la formazione dell'amministrazioni, e dell'assemblea. Le elezioni del deputati avevano due gradi. Non era richiesta niuna condizione per essere eligibile; perchè, come fu avvertito nell'assemblea, si è elettore per la sola esistenza in società, e si dev'essere eligibile per la sola fiducia degli elettori.

Questi lavori, interrotti da mille discussioni di circostanza, erano accelerati con gran calore. Il lato destro non vi partecipava che per la sua ostinazione ad impedirli, subitochè si trattasse di contendere alla nazione alcuna parte d'autorità. I deputati popolari invece, benchè formassero vari partiti, s'univano, o si disunivano senza scossa, giusta la loro personale opinione. Facile si vedeva, che appo loro la persuasione guidava le alleanze. Vedevasi Thouret, Mirabeau, Duport, Sieyes, Camus, Chapelier, a vicenda e riunirsi e separasi, a norma delle loro opinioni nelle particolari discussioni. Invece, i membri della nobiltà e dei clero non comparivano che nelle discussioni di parte. Se i parlamenti facevano delle risoluzioni contro l'assemblea, se deputati o scrittori l'avessero offesa, essi eran subito pronti a difenderli. Sostenevano i comandanti militari contro del popolo, i trafficatori di negri contro i negri; opinavano contro l'ammissione degli ebrei e de' protestanti al godimento dei comuni diritti. Finalmente quando Genova levossi contro la Francia, per cagione dell'affrancamento della Corsica, e della riunione di quest'isola al regno,[11] essi furono per Genova contro la Francia. In breve, stranieri, indifferenti a tutte le utili discussioni, non badando e tra loro confabulando, non si mostravano altro che quando vi erano diritti, o libertà da negare.[12]

L'abbiamo già detto, non era più possibile di tentare grandi cospirazioni a fianco del re, poichè l'aristocrazia era in fuga, e la corte cinta dall'assemblea, dal popolo, e dalla milizia nazionale. Moti parziali erano tutto quanto, potevan tentare i malcontenti. Infiammavano i mali umori degli ufiziali, che tenevano per l'ordine antico di case, laddove i soldati, avendo tutto ad acquistare, volgevano al nuovo. Risse violente accendevansi tra la milizia e il volgo: soventi volte i soldati abbandonavano i loro capi alla moltitudine che gli uccideva; altre fiate le diffidenze fortunatamente calmavansi, e tutto volgeva alla pace quando i comandanti della città sapevan condursi con un pò di destrezza, e prestavano giuramento di fedeltà alla novella costitu-

[11] Sull'apparizione de' Francesi in Corsica, vedi il Botta.

[12] Sul contegno de' deputati della destra, vedi un estratto delle Memorie di Ferrières, nota 12, alla fin del volume.

zione. Il clero aveva inondato la Bretagna di proteste contro l'alienazione de' suoi beni. Anche i parlamenti furono adoperati, e tentossi una ultima prova della loro autorità. L'assemblea avea prorogato le loro vacanze, perchè, attendendo a discioglierli, non voleva aver con essi a garrire. La giustizia era amministrata in loro assenza delle camere feriali. A Rouen, a Nantes, a Rennes, queste presero delle risoluzioni, ove deploravano la ruina dell'antica monarchia, la violazione delle sue leggi; e, senza nomare l'assemblea, sembravano adombrarla come la causa di tutti i mali. Elle furono appellate avanti l'assemblea, e moderatamente riprese. Quella di Rennes, come più colpevole, fu dichiarata incapace d'adempiere le sue funzioni. Quella di Metz aveva insinuato, che il re non era libero; ed era questa, come abbiam detto, la pratica de' mal contenti. Non potendo servirsi del re, cercavano di rappresentarlo come oppresso, e volevano così annullare tutte le leggi che sembrava approvare. Egli medesimo pareva secondare questo maneggio. Non aveva voluto richiamare le guardie del corpo rimandate il 5 e 6 ottobre, e si faceva guardare dalla milizia nazionale, in mezzo alla quale si sentiva securo. La sua intenzione era d'apparir prigione. Il comune di Parigi distrusse questa troppo meschina furberia, pregando il re di richiamare le guardie; ciò che egli negò, sotto vani pretesti, e coll'intromissione della regina.[13]

L'anno 1790 era cominciato, e sentivasi un'agitazione generale. Tre mesi assai tranquilli eran corsi dopo il 5 e 6 ottobre, e l'inquietudine sembrava rinnovellarsi. Alle grandi agitazioni succede il riposo, e, a questo riposo, i piccoli sforzi, fino agli sforzi più grandi. Si dava la colpa di queste turbolenze al clero, alla nobiltà, alla corte, fino all'Inghilterra, la quale impose al proprio ambasciatore di discolparla. Le compagnie assoldate della guardia nazionale, furo-

[13] Vedi la nota 13 alla fine del volume.

no esse pure affette dell'inquietudine generale. Alcuni soldati radu-
nati ai Campi-Elisi domandarono un aumento di paga. Lafayette,
ovunque presente, v'accorse, li disperse, punilli, e ricondusse la
calma nella sua truppa, sempre fedele non ostante queste leggere
interruzioni di disciplina.

Ragionavasi particolarmente d'una trama contro l'assemblea e il
municipio, il cui supposto capo era il marchese di Favras. Venne arrestato con clamore, e tradotto al tribunale del Castelletto. Divulgossi
immantinente che Bailly e Lafayette dovevano essere assassinati; che
milledugento cavalli eran pronti a Versailles per rapire il re; che un
esercito di Svizzeri e di Piemontesi doveva riceverlo, e marciare a
Parigi. Lo spavento si propagò; fu aggiunto, che Favras era agente
segreto di altissimi personaggi. Si volsero i sospetti su Monsignore
fratello del re. Favras era stato nelle sue guardie, ed aveva di più trattato un prestito a suo favore. Monsignore, temendo l'agitazione degli
animi, presentossi al palazzo del comune, protestò contro le insi-
nuazioni a cui era segno, spiegò le sue relazioni con Favras, rimem-
brò le sue inclinazioni popolari dimostrate altra fiata nell'assemblea
de' notabili, e chiese d'esser giudicato non dalle pubbliche voci, ma
dal suo ben noto e mai smentito patriottismo.[14] Il suo discorso fu
seguito d'applausi universali, ed egli fu ricondotto dalla folla fino al
suo albergo.

Continuossi il processo di Favras. Egli avea corso l'Europa, sposato
una principessa straniera, e faceva dei disegni per ristorare la propria
fortuna. N'aveva fatti il 14 luglio, il 5 e 6 ottobre, e ne' primi mesi
del 1790. I testimoni che l'incolpavano, precisavano il suo ultimo
proponimento. L'assassinio di Bailly e di Lafayette, il rapimento del
re, sembravano far parte della trama; ma non v'era nessuna prova che
i mille dugento cavalli fossero preparati, nè che l'esercito svizzero, o

---

[14] Vedi la nota 14 alla fine del volume.

piemontese fosse in moto. I tempi eran poco favorevoli a Favras. Il Castelletto avea liberato Besenval, e gli altri intricati nella trama del 14 luglio; l'opinione era scontenta. Nondimeno Lafayette rassicurò i membri del tribunale, e richieseli di esser giusti, promettendo che il loro giudizio, qualunque si fosse, sarebbe eseguito. Il processo fece risorgere i sospetti contro la corte. Questi nuovi progetti la mostravano incorrigibile; perchè anche in mezzo a Parigi vedevasi congiurare. Fu quindi consigliato al re un procedere aperto, che potesse appagare l'opinion pubblica.

Il 4 febbrajo 1790, l'assemblea fu maravigliata di vedere alcuni cambiamenti nella disposizione della sala. Un tappeto a fiordalisi ricopriva i gradini del banco. La sedia de' segretari, più bassa; il presidente, in piedi allato del seggio ove si poneva. "Ecco il re", gridarono ad un tratto gli uscieri; e Luigi XVI entrò subito nella sala. L'assemblea levossi al suo cospetto, e fu ricevuto fra gli applausi. Una folla di spettatori accorsi celeremente, occupa le tribune, invade tutte le parti della sala, attende colla maggiore ansietà le parole reali. Luigi XVI favella ritto all'assemblea assisa: rimembra prima le turbolenze alle quali la Francia era stata in preda, gli sforzi da lui fatti per acquietarle e per provvedere al nutrimento del popolo; ricapitola i lavori dei rappresentanti, dichiarando d'aver egli tentato le medesime cose nell'assemblee provinciali; dimostra d'aver già manifestato le brame, a cui ora davasi compimento. Aggiunge, credere di dover ora più specialmente unirsi ai rappresentanti, in un momento nel quale i decreti contenenti un nuovo ordinamento del regno, gli sono stati sottoposti. Dice, favorirà a tutto potere il successo di questo vasto ordinamento, ogni tentativo contrario sarebbe colpevole, e perseguito con tutti i mezzi. Risuonano applausi a questi accenti. E proseguendo, rammenta i suoi propri sacrifizi; invita coloro che han fatto delle perdite, a prendere esempio dalla sua rassegnazione, e confortarsi di quello che hanno perduto, per li beni che la nuova costituzione fa sperare alla Francia. Ma, dopo aver promesso di difendere la costituzione, quando aggiunse che farebbe di più; che, d'accordo colla regina, preparerebbe di bon'ora la mente e il cuore del figlio al nuovo ordine di cose, e l'avvezzerebbe a farsi felice del ben de' Francesi, le voci d'amore si sollevano da tutte le bande, si tendono le braccia di tutti verso il monarca, si cercan cogli occhi la madre e il figlio, tutte le bocche li domandano; la gioia è universale. Il re dà fine al discorso, raccomandando la concordia e la pace *a questo buon popolo, dal quale l'assicurano d'essere amato, quando vogliono consolarlo delle sue pene.*[15] A questi ultimi detti tutti gli astanti prorompono in segni di riconoscenza. Il presidente fa breve risposta, ove esprime lo smarrimento de' sensi da cui tutti i cuori sono compresi. Il principe fu raccompagnato dalla multitudine alle Tuileries. L'assemblea votò ringraziamento a lui, e alla regina. Presentasi una nuova idea: Luigi XVI s'era obbligato di mantenere la costituzione; era il momento per i deputati d'obbligarsi ugualmente. Fu dunque proposto il giuramento civile, ed ogni deputato giurò d'esser fedele *alla nazione, alla legge, e al re; e di mantenere con tutte le forze la costituzione decretata dall'assemblea nazionale, e accettata dal re.* Gli addetti, i deputati del commercio domandano anch'essi di prestar giuramento; le tribune, gli anfiteatri li seguono, e da tutte le parti non s'ode dir altro che: *Giuro.*

Il giuramento fu ripetuto al palazzo del comune, e, da un comune all'altro, da tutta Francia. Furono ordinate dimostrazioni di letizia, l'effusione de' cuori sembrò generale e sincera. Era quello senza fallo il momento di cominciare una nuova condotta, e di non rendere quella riconciliazione inutile al pari di tutte l'altre; ma la sera stessa, mentre Parigi brillava de' lumi accesi per celebrare il felice evento, la corte avea già ripreso il suo solito umore, e i deputati del popolo vi

---

[15] Vedi la nota 15 alla fin del volume.

ricevevano accoglienza ben differente da quella compartita a' deputati nobili. Invan Lafayette, i cui consigli pieni di senno e di zelo non eran seguiti, ripeteva alla corte che il re non poteva più esitare, e che doveva interamente abbracciare il partito popolare, e sforzarsi di guadagnare la sua fiducia; che però era mestieri le sue intenzioni non fossero solamente proclamate nell'assemblea, ma fossero manifeste nei menomi atti; che doveva indignarsi del menomo discorso ambiguo fatto in sua presenza, e condannare il più piccolo dubbio espresso sulla sua vera volontà; che non doveva mostrare nè timore nè scontento, nè lasciare alcuna segreta speranza egli aristocratici; infine, che i ministri dovevano esser d'accordo, non farsi lecita alcuna rivalità coll'assemblea, e non obbligarla a ricorrere senza posa alla pubblica opinione. Invano Lafayette ripeteva con sollecitudine rispettosa questi savi consigli; il re riceveva le sue lettere, e lo trovava onesto; la regina le rigettava con sdegno, e sembrava fino irritata de' rispetti del capitano. Ella accoglieva ben altrimenti Mirabeau, più potente ma certamente meno incontaminato di Lafayette.

Le comunicazioni di Mirabeau colla corte erano continuate. Aveva anche tenuto intelligenze con Monsignore, le cui opinioni rendevano più accessibile alla parte popolare, ed aveva lui ripetuto più volte quello, che non cessava mai di dichiarare alla regina, e a de Montmorin, cioè che la monarchia non poteva esser salvata altro che per la libertà. Mirabeau strinse alfine convenzioni colla corte, per via d'un mediatore. Dichiarò i suoi principii in una specie di professione di fede, obbligossi a non dipartirsene, ed a sostenere la corte finchè stesse al medesimo segno. In cambio gli fu offerto una provvisione assai considerabile. La morale di certo condanna questi trattati, e vuole che il dovere s'adempia per suo solo riflesso. Ma era egli questo un vendersi? Un uomo debole si sarebbe venduto sacrificando certamente i suoi principii, ma il potente Mirabeau, lungi dal sacrificare i suoi, vi traeva l'autorità, ricevendone in cambio i soccorsi che i grandi bisogni e le disordinate passioni lui rendevano indispensabili. Diverso da coloro, che trafficano a caro prezzo piccoli meriti, ed una vile coscienza, Mirabeau inflessibile ne' suoi principii, battagliava a vicenda la sua parte o la corte, del pari che non avesse sperato dalla prima popolarità, e dalla seconda i mezzi di sostentamento. A segno che gli storici non potendo reputarlo alleato della corte da lui combattuta, non hanno messo il suo trattato che all'anno 1791, mentre fu fatto nei primi mesi del 1790. Mirabeau vide la regina, affascinolla col proprio ingegno, e n'ebbe accoglienze assai per lui lusinghiere. Quest'uomo straordinario era sensibile a tutti i piaceri, a quelli della vanità come a quelli delle passioni. Bisognava prenderlo colla sua forza e colle sue debolezze, ed usarlo a profitto della causa comune. Oltre Lafayette, e Mirabeau, la certe aveva ancora Bouillé, che è tempo di far conoscere.

Bouillé, uomo di coraggio, di franchezza e di meriti, aveva tutte le inclinazioni dell'aristocrazia, e non si distingueva da quella che per minore accecamento, e maggiore abitudine d'affari. Ritirato a Metz, e là comandando un lungo tratto di frontiere, ed una gran parte d'esercito, cercava d'alimentare la diffidenza tra le sue genti e le guardie nazionali, per conservare i soldati alla corte.[16] Stando là in aspettazione, minacciava la parte popolare, e rassembrava il duce della monarchia, come Lafayette quello della costituzione. Pure l'aristocrazia non gli piaceva; la debolezza del re disamoravalo del servizio, e l'avrebbe abbandonato, se Luigi XVI non l'avesse pressato di ritenerlo. Bouillé era uomo d'onore. Avendo giurato, non pensò più che a servire il re, e la costituzione. La corte doveva dunque riunire Lafayette, Mirabeau, e Bouillé; e per essi ell'avrebbe ottenuto le guardie nazionali, l'assemblea, e l'esercito, vale a dire le tre potenze della giornata. Vero è, che alcune ragioni dividevano questi tre personaggi.

---

[16] Il dice da sè nelle sue Memorie.

Lafayette, pieno di buon volere, era preparato ad unirsi a tutti coloro, che volessero servire il re, e la costituzione; ma Mirabeau era geloso della potenza di Lafayette, temeva la sua vantata purezza, e gli sembrava di scorgere in lui un rimprovero. Bouillé odiava in Lafayette la effervescente persuasione, e forse un nemico incontaminabile; preferiva Mirabeau, che reputava più trattabile e meno rigoroso di fede politica. Stava alla corte a unire questi tre uomini, distruggendo, le cagioni loro particolari d'alienamento. Ma non v'era che un mezzo d'unione; la monarchia libera. Bisognava dunque acquietatisi francamente, e aspirarvi con tutte le forze. Ma la corte, sempre vacillante, senza ricusar Lafayette, gli faceva fredde accoglienze; pagava Mirabeau, che a quando a quando la bistrattava; alimentava il mal'umore di Bouillé contro la rivoluzione; vedeva le sue speranze nell'Austria; e lasciava agire gli emigrati di Torino. Così procede la debolezza; ella cerca piuttosto d'adunare speranze, che d'assicurare i successi, e non giunge ad altro in questa guisa che a perdersi, coll'inspirar de' sospetti che irritan le parti al pari della verità, perchè è meglio percuoterle che minacciarle.

Indarno Lafayette, volendo fare quel che non faceva la corte, scriveva a Bouillé suo parente, per indurlo a servire il trono d'accordo, e per li soli modi possibili, la schiettezza e la libertà; Bouillé, mal inspirato dalla corte, rispondeva freddamente, ed in modo evasivo; e senza niente tentare contro la costituzione, seguitava a rendersi temibile col segreto delle sue intenzioni, e colla forza del suo esercito.

La riconciliazione del 4 febbraio, che avrebbe potuto produr tanti frutti, rimase dunque vana ed inutile. Il processo di Favras fu fornito, e, o timore o persuasione, il Castelletto lo condannò ad essere appeso. Favras mostrò negli ultimi momenti la fermezza degna d'un martire, non d'un intrigatore. Protestò della propria innocenza, e chiese di fare una dichiarazione avanti di morire. Il palco era eretto sulla piazza di Grève. Fu condotto al palazzo del comune, ove rimase fino

alla notte. Il popolo voleva vedere impiccare un marchese, e aspettava impazientemente quest'esempio d'uguaglianza ne' supplizi. Favras
riferì d'aver avuto pratiche con un grande dello stato, il quale l'aveva
confortato a disporre gli animi a favore del re. Come occorrevano
alcune spese, questo signore gli aveva dato cento luigi, da lui accetta-
ti. Asseverò che il suo delitto finiva lì, senza nominar persona.
Domandò tuttavia se la rivelazione de' nomi potrebbe salvarlo. La
risposta datagli non appagandolo, disse, "Dunque io morrò col mio
segreto"; e incamminossi al luogo del supplizio con gran securezza. La
notte coprendo la piazza fatale, furono illuminate fino le forche. Il
popolo allegrassi di quello spettacolo, contento di trovar l'uguaglianza anche al patibolo; v'accoppiò atroci motteggi, e contraffece in
diverse guise il supplizio dell'infelice. Il corpo di Favras fu reso alla
famiglia; e nuovi avvenimenti fecer presto obliarne la morte a coloro
che l'avevan punito, come a coloro che se n'eran serviti.

Il clero, disperato, seguitava ad accendere piccole agitazioni su
tutta la superficie della Francia. La nobiltà sperava molto dal suo
potere sul popolo. Finchè l'assemblea contentossi di mettere per
un decreto i beni ecclesiastici a disposizione della nazione, il clero
sperò che l'esecuzione del decreto non succedesse; e per renderla
inutile, suggeriva mille rimedi per sovvenire alle necessità dell'erario. L'abate Maury aveva proposto un'imposizione sul lusso, e
l'abate Salsède gli aveva risposto proponendo parimente, che
niuno ecclesiastico potesse avere più di mille scudi di rendita. Il
ricco abate si tacque a tale proposta. Un'altra fiata Cazalès, discu-
tendo sul debito dello stato, aveva suggerito d'esaminare non la
validità dei titoli di credito, ma i crediti stessi, la loro origine, e la
loro causa; cosa che equivaleva al fallimento, per la via odiosa e
trita de' tribunali ardenti.[17] Il clero, nemico ai creditori dello stato

---

[17] *Chambres ardentes*: condannavano al fuoco. T.

per i quali si credeva sacrificato, aveva difeso la proposizione, non ostante la rigidezza de' suoi principii in fatto di proprietà. Maury era trascorso alle violenze, senza riguardo dell'assemblea, dicendo ad una parte de' suoi membri, che non avevan altro che *l'ardore dell'impudenza*. L'assemblea se ne tenne offesa, e voleva cacciarlo dal seno. Ma Mirabeau, che poteva pur credersi offeso, rappresentò a' colleghi, che ogni deputato apparteneva a' mandanti, e non v'era diritto d'escluderne alcuno. Questa moderazione addicevasi alla vera grandezza; prevalse; e Maury rimase più punito per una censura, che noi sarebbe stato per l'esclusione. Tutti questi ripieghi trovati dal clero per mettere nel suo loco i creditori dello stato, non gli servirono a nulla, e l'assemblea decretò la vendita per 400 milioni di beni dello stato e della chiesa. Infuriandosi allora, il clero propagò degli scritti tra 'l popolo, e sparse che le mire de' rivoluzionari erano d'assalire la religione cattolica. Sperò di fare il maggior frutto nelle provincie meridionali. Si è visto, che la prima emigrazione si era diretta a Torino. Di là teneva pratiche principalmente colla Linguadoca, e colla Provenza. Calonne, celebre al tempo de' notabili, era il ministro della corte fuggitiva. Due fazioni la dividevano: l'alta nobiltà voleva conservare il suo impero, e temeva l'intervento della nobiltà di provincia, e specialmente della cittadinanza. Perciò, ella non voleva ricorrere che allo straniero per la restaurazione del soglio. D'altronde, usare della religione come il proponevano i messi delle provincie, le sembrava ridicolo, a lei, che per un secolo aveva riso de' motteggi di Voltaire. L'altra fazione, composta di nobili bassi, di cittadini spatriati, voleva guerreggiare la passione della libertà con una passione più forte, quella del fanatismo; e vincere colle proprie forze, senza darsi in balìa dello straniero. I primi allegavano le personali vendette della guerra civile, per perdonare l'intervenzione straniera; i secondi sostenevano che la guerra civile comportava lo spargimento del sangue, ma che non bisognava macchiarsi col tradimento. Quest'ultimi, più arditi, più patriottici, più feroci, non potevano riuscire all'impresa in una corte ove dominava Calonne. Frattanto, siccome v'era bisogno di tutti, le pratiche furono continuate da Torino colle provincie meridionali. Fu risoluto di assalire la rivoluzione e per la guerra straniera e per la guerra civile; onde tentossi di riaccendere l'antico fanatismo di quelle contrade.[18] Il clero a nulla perdonò per secondare questo disegno. I protestanti movevano in questi paesi invidia ai cattolici. Il clero si prevalse di queste inclinazioni, e specialmente nella solennità di Pasqua. A Montpellier, a Nimes, a Montauban, l'antico fanatismo fu riacceso in tutte le guise.

Carlo Lameth lagnossi alla tribuna, che si fosse abusato del tempo pasquale per traviare il popolo, e suscitarlo contro le nuove leggi. A questi detti il clero sollevossi, e voleva partire dall'assemblea. Il vescovo di Clermont ne fe' la minaccia, ed una folla d'ecclesiastici, alzatasi, era per partire; ma Lameth fu richiamato al dovere, ed il tumulto calmossi. Frattanto la vendita de' beni del clero s'effettuava, e n'era esacerbato, e non perdeva occasione di dimostrare il suo risentimento. Don Gerle, certosino di buona fede ne' suoi sentimenti religiosi e patriottici, chiese un giorno la parola, e propose di dichiarare la religione cattolica, la sola religione dello stato.[19] Una moltitudine di deputati levossi, disposta a votare per acclamazione, dicendo esser la maniera per l'assemblea di giustificarsi dalla rampogna fattale d'attaccare la religione cattolica. Per altro, che significava ella una simigliante proposizione? O il decreto si proponeva di dare un privilegio alla religione cattolica; e nissuna religione deve averne:

[18] Vedi la nota 16 alla fin del volume.
[19] Adunanza de' 12 aprile.

o dichiarava un fatto, che la pluralità de' Francesi era cattolica; e il fatto non aveva bisogno di quella dichiarazione. La proposizione non poteva dunque essere accolta. Quindi, mal grado gli sforzi della nobiltà e del clero, la discussione fu rimessa al dimane. Una moltitudine immensa era accorsa; Lafayette, avvertito che malcontenti preparavansi a muover tumulto, aveva raddoppiato le guardie. S'apre la discussione: un ecclesiastico minaccia all'assemblea la maledizione; Maury getta i soliti gridi; Menou risponde pacatamente a tutte le rampogne fatte all'assemblea, e dice che non si può a ragione accusarla di volere abolire la religione cattolica, nel momento in cui ella pone le spese del suo culto in conto di spese pubbliche; propone perciò di passar oltre. Don Gerle persuaso, ritira allora la sua proposizione, scusandosi d'aver cagionato tanto tumulto. Larochefoucault presenta una nuova redazione, la quale succede alla proposta di Menou. Improvvisamente un membro del lato destro si rammarica di non essere in libertà, e interpella Lafayette chiedendogli perchè avesse raddoppiato le guardie. La cagione non era sospetta; perchè non era il lato sinistro che poteva temere del popolo, e non erano i suoi amici quei che Lafayette guardava di proteggere. Questa interpellazione crebbe il tumulto; nondimeno la discussione seguitò. Nella disputa fu citato Luigi XIV: – "Non mi fa meraviglia, grida allor Mirabeau, che si rimembri il regno in cui fu revocato l'editto di Nantes: ma pensateci bene, che da questa tribuna ond'io parlo, scorgo la finestra fatale, da cui un re assassino de' sudditi, confondendo gl'interessi terreni con quelli del cielo, diede il segnale del San Bartolomeo!" Questa terribile apostrofe non chiuse la discussione, che prolungossi ancora. Alla fine la proposta del duca di Lorochefoucault venne abbracciata. L'assemblea dichiarò, che i suoi sentimenti eran noti; ma che, per rispetto alla libertà di coscienza, non poteva, e non doveva deliberare sulla proposizione che le era stata sottoposta.

Passati appena pochi giorni, un altro artifizio fu adoperato per minacciare e disciogliere l'assemblea. Fornito il nuovo ordinamento del regno, convocavasi il popolo per l'elezione dei magistrati; e fu imaginato di far eleggere insieme nuovi deputati, per cangiare la presente assemblea. Questo messo, altra fiata proposto e discusso, era stato rigettato. Nell'aprile 1790 fu rinnovellato. Alcuni mandati restringevano le facoltà ad un anno, ed era quasi un anno che l'assemblea stava riunita. Aperta nel maggio 1789, giungeva all'aprile 1790. Quantunque i mandati fossero stati annullati, quantunque fosse stata contratta l'obbligazione di non separarsi avanti d'aver finita la costituzione; questi uomini, per i quali non v'erano nè promulgati decreti, nè giuramenti fatti quando trattavasi di giungere alle loro mire, proposero l'elezione di nuovi deputati a cui cedere il posto. Maury, incaricato di questa battaglia, s'accinge alla sua parte con pari ardire che mai, e con maggiore sagacità dell'usato. Appella anche egli alla sovranità del popolo, dicendo che mal si poteva ulteriormente far le veci della nazione, e prolungare facoltà che non erano che temporarie. Chiede a qual titolo si siano assunte attribuzioni sovrane; sostiene che il distinguere tra 'l potere legislativo e il costituente, è una distinzione chimerica; che una convenzione sovrana non può esistere che nell'assenza d'ogni governo; e che se l'assemblea è una convenzione, non deve far altro che degradare il re, e dichiarare il trono vacante. A queste parole viene interrotto dalle grida manifestanti la generale indignazione. Mirabeau si leva allora dignitosamente, dicendo: "Si dimanda quando i deputati del popolo son divenuti convenzione nazionale? Rispondo: Il giorno, in cui trovando l'ingresso delle loro adunanze cinto di soldati, s'andarono a riunire nel primo ricetto ove poteron raccogliersi, per giurar di perire piuttosto che tradire o abbandonare i diritti della nazione. Le nostre facoltà, qualunque si fossero, cangiarono, in quel dì, di natura. Qualunque siano le facoltà che abbiamo usate, i nostri sforzi, le nostre fatiche, le hanno legittimate; il consenso della nazione le ha santificate. Rimembra a voi tutti il detto di quel grand'uomo dell'antichità, che aveva sacrificato le forme legali per salvare la patria. Richiamato da un tribuno fazioso a dire se avesse osservato le leggi: Io giuro, rispose, d'aver salvata la patria. Signori (gridò allor Mirabeau voltandosi a' deputati de' comuni), io giuro che voi avete salvato la Francia!"

A questo magnifico giuramento, dice Ferrières, l'assemblea tutta intiera, come tratta da subita inspirazione, chiude la discussione e dichiara che l'assemblee elettorali non s'occuperebbero d'eleggere nuovi deputati.

Così, anche questo nuovo partito rimase inutile, e l'assemblea potè continuare le proprie fatiche. Le turbolenze però non cessarono in tutta la Francia. Il comandante De Voisin fu trucidato dal popolo; i forti di Marsilia furono invasi dalla guardia nazionale. Moti di contraria natura accaddero a Nimes, e a Moutauban. I messi di Torino avevano suscitato i cattolici, sparso de' messaggi ne' quali dichiaravasi la monarchia in pericolo, e domandavasi che la religione cattolica fosse dichiarata religion dello stato. Invano una grida reale aveva risposto; vi fu replicato. I protestanti eran venuti alle mani con i cattolici; e questi, aspettati indarno i soccorsi promessi da Torino, erano stati battuti. Diverse guardie nazionali s'eran mosse per ajutare i patriotti contro gl'insorti; il conflitto s'era quindi appiccato, e il visconte di Mirabeau, avversario dichiarato del suo illustre fratello, annunziando la guerra civile dall'alto della tribuna, sembrò col moto, co' gesti, e colle parole, portarla nell'assemblea.

Così, mentre la parte più moderata dei deputati cercava d'acquetare l'ardore rivoluzionario, un'opposizione imprudente raccendeva il fuoco che la sola calma poteva estinguere, e forniva pretesti a' più violenti oratori popolari. Le assemblee popolari si facevano più ardenti. Quella de' Giacomini, nata dall'assemblea Bretone, e stabilita prima a Versailles poi a Parigi, vinceva l'altre per numero, per ingegni, e per violenza.[20] Le sue adunanze erano frequentate come quelle dell'assemblea nazionale. Ella afferrava avanti tutte le questioni, che questa doveva trattare, e pronunziava decisioni che generavano prevenzione ne' legislatori medesimi. Vi si riunivano i primi deputati popolari, ed i più ostinati vi trovavano forza ed eccitamento. Lafayette, per combattere questa terribil potenza, s'era accostato con Bailly, e cogli uomini più illuminati, ed aveva formato un'altra assemblea, detta dell'89, e più tardi de' Foglianti.[21] Ma il rimedio era impotente. Una riunione di cent'uomini quieti e istruiti non poteva chiamare la folla, come l'assemblea de' Giacomini, ove si poteva abbandonarsi a tutta la veemenza delle passioni popolari. Chiudere quelle assemblee, sarebbe stato il vero modo; ma la corte aveva troppo poca schiettezza, ed ispirava troppi sospetti, per che la parte popolare pensasse a valersi di tale rimedio. I Lamath signoreggiavano nell'assemblea de' Giacomini. Mirabeau si mostrava ugualmente nell'una e nell'altra; ed era chiaro agli occhi di tutti che il suo loco era fra tutti i partiti. Un'occasione presto s'offerse, ove la sua parte fu anche meglio distinta, ed ove guadagnò per la monarchia un memorabil vantaggio, come tra poco vedrassi.

FINE DEL TOMO PRIMO

---

[20] Quest'assemblea, della degli Amici della costituzione, fu trasferita a Parigi nell'ottobre del 1789, e fa conosciuta allora col nome d'assemblea de' Giacomini, perchè adunavasi in una sala del convento de' Giacomini * via Sant'Onorato.

* Giacomini, o Giacobini, vale Domenicani: detti così in Francia, perchè la prima volta che s'introdussero in Parigi, si stabilirono in via San Giacomo. T.

[21] Formata li 12 maggio.

# NOTE E DOCUMENTI GIUSTIFICATIVI
## DEL TOMO PRIMO

# NOTA 1, PAGINA 42

Io non citerei il passo seguente delle Memorie di Ferriéres, se bassi detrattori non avessero cercato di tutto menomare ne' fatti della rivoluzione francese. Il pezzo che ne traggo, farà giudicare dell'effetto prodotto su i cuori meno volgari dalle solennità nazionali di quell'epoca.

M'è grato il narrare l'impressione che fece sopra di me quella augusta e tenera cerimonia. Copio la relazione che scrissi allora, sempre compreso da quanto aveva veduto. Se questo non è un pezzo storico, avrà forse per qualche lettore un interesse più vivo.

La nobiltà era in abito nero, veste e fregi di porpora, manto di seta, cravatta di merletto, cappello con piume ritorte all'Enrico IV; il clero in sottana, gran manto, e berretto quadro; i vescovi in robe paonazze e roccetti; il terzo stato, vestito di nero, con manto di seta, e cravatta di batista. Il re s'assise sovra uno strato riccamente fregiato; Monsignore, il conte d'Artois, i principi, i ministri, i grandi ufficiali della corona, assisi più basso del re: la regina, davanti; Madama, la contessa d'Artois, le principesse, le dame di corte, superbamente adorne, e coperte d'adamanti, le facevano corteggio magnifico. Le vie parate di tappeti della corona; i reggimenti delle guardie francesi e delle guardie svizzere, facevano una fila da Nostra Donna fino a S. Luigi. Immenso popolo ci stava a veder passare in rispettoso silenzio; i balconi ornati di stoffe preziose, le finestre piene di spettatori d'ogni età, d'ogni sesso, di donne avvenenti leggiadramente vestite: la varietà de' cappelli, delle penne, delle vesti; l'amabile tenerezza splendente su tutti i volti; la gioia sfavillante da tutti gli occhi; il battere delle palme, l'espressione del più tenero amore; gli sguardi che ci ferivan d'avanti, quelli che ci seguivano dappresso dopo averci perduto di faccia... Tale la sublime e dilettevole imagine, che invano io tenterei di descrivere. Cori musicali disposti di distanza in distanza, fecevano l'aria risuonare di concerti di melodia; le marcie militari, lo strepito de' tamburi, il suon delle trombe, il canto maestoso dei sacerdoti, il tutto udito ad intervalli, senza dissonanza, senza confusione, parevano animare la processione trionfale dell'Eterno.

Ben tosto immerso in estasi soavissima, pensieri sublimi ma malinconici, mi s'offersero alla fantasia. Questa Francia, patria mia, io la vedea, sostentata alla religione, favellarci: Spegniete le vostre puerili querele; è venuto il momento decisivo di darmi vita novella, o di perdermi per sempre... O amor di patria, tu mi ragionasti in cuore... de' vili intrigatori, cercheranno, per vie tortuose, di dividere la mia patria; fonderanno sinistri sistemi sopra insidiosi interessi; ti diranno: Tu hai due interessi diversi; e tutta la tua gloria, tutta la potenza così invidiata de' tuoi vicini, dileguerassi qual fumo leggero davanti ai venti australi...! Ah no! io ne fo giuramento avanti di te; che la mia lingua, isterilita, si secchi alle fauci, se io dimenticherò mai le tue grandezze, e le tue solennità.

Quale splendore non spandeva su quella pompa tutta umana l'apparato di religione! Senza di te, o religione veneranda, non saria stato che vana pompa d'orgoglio; ma tu purifichi, e santifichi, tu ingrandisci la stessa grandezza; i re, i potenti del secolo, rendono anch'essi omaggio con rispetti almen simulati, al Re dei re... Ah si! a Dio solo appartiene l'onore, l'imperio, la gloria... Quelle cerimonie sante, que' carmi, quei sacerdoti vestiti di vesti da sacrifizio, que' profumi, quel baldacchino, quel sole raggiante d'oro e di gemme... Io rimembrai le parole del profeta... Figlie di Gerosolima, ecco il vostro re; indossate le vesti nuziali, e presentatevi avanti a lui... Lagrime di tenerezza mi cadder dagli occhi. Mio Dio, patria mia, miei concittadini, io vi confusi in me... Giunti a San Luigi, i tre ordini s'assisero su degli scanni situati nella navata. Il re e la regina si posero sotto un baldacchino di velluto violetto, sparso di gigli d'oro; i principi, le principesse, i grandi ufficiali della corona, le dame di corte, occupavano il recinto riservato alle loro maestà. Il Santissimo fu portato sull'altare, al suono d'un canto soavissimo; Era *o salutaris hostia*. Quel cantico naturale, vero, melodioso, scevro dello strepito degl'istrumenti che ricuoprono l'espressione; quell'accordo modulato di voci che s'ergono al cielo, mi confermarono che il semplice è sempre bello, grande, sublime... Stolti son gli uomini, che nella loro vana saviezza trattano di puerile il culto offerto all'Eterno: come mai vedono con indifferenza quel nesso di morale, che unisce l'uomo a Dio, il fa visibile all'occhio, palpabile al tutto...? La Fare, vescovo di Nancy, pronunciò il discorso... La religione forma la forza degl'imperi; la religione forma la felicità, dei popoli. Questa verità, di cui uomo saggio non dubitò mai un momento, non era la questione che importava di trattare in quell'augusta assemblea; il luogo, il tempo, offrivano un campo più vasto: il vescovo di Nancy non ardì, o non seppe discorrerlo.

Il giorno seguente i deputati si riunirono nella sala de' Menus. L'adunanza non riuscì meno maestosa, nè lo spettacolo meno magnifico del giorno avanti.

(*Memorie del marchese de Ferrières. Tomo* 1.° *pag. 18 e seguenti.*)

# NOTA 2, PAGINA 49.

Credo bene di riferire le ragioni, sulle quali l'assemblea de' comuni stabilì la risoluzioni che prendeva. Questo primo atto, che apre la rivoluzione, essendo di somma importanza, è essenziale di giustificarne la necessità, e credo che non si possa farlo meglio che colle considerazioni, che precedevano la deliberazione de' comuni. Queste considerazioni, e la deliberazione, sono dell'abate Sieyes.

L'assemblea de' comuni, deliberando sul progetto di conciliazione proposto dai commissarii del re, ha creduto di dover prendere insieme ad esame la risoluzione, che i membri della nobiltà si sono affrettati d'abbracciare sullo stesso soggetto.

Ella ha veduto, che i membri della nobiltà, non ostante il consenso dimostrato da prima al progetto, stabilivano ben tosto una modificazione che il distrugge quasi interamente, e così la loro risoluzione non può esser riguardata, che come un rifiuto positivo.

Per questa considerazione, e visto che i membri della nobiltà non hanno nemmeno cessato dalle loro precedenti deliberazioni contrarie ad ogni progetto di riunione, i deputati de' comuni credono, che sia divenuto inutile affatto l'occuparsi più oltre di un mezzo, che più non può chiamarsi conciliatorio, dacchè è stato rigettato da una delle parti conciliande.

In questo stato di cose, che ritorna i deputati de' comuni alla loro prima situazione, l'assemblea giudica che ella non può più attendere inattiva le classi privilegiate, senza farsi colpevole davanti alla nazione, la quale ha diritto certamente di chiedere a lei miglior uso del suo tempo. Ella giudica che è un urgente dovere per li rappresentanti della nazione, a qualunque classe di cittadini appartengano, di costituirsi, senz'altro ritardo, in assemblea attiva, capace di cominciare e di compiere lo scopo della loro missione.

L'assemblea incarica i deputati, che hanno assistito alle varie conferenze, dette conciliatorie, di scrivere la narrazione dei lunghi ed inutili sforzi de' comuni per cercare di ricondurre le classi dei privilegiati ai veri principii; gl'incarica di esporre le ragioni, che la stringono a passare dallo stato d'aspettazione, a quello di azione; infine dichiara che tale narrazione e tali ragioni saranno impresse in fronte alla presente deliberazione.

Ma poichè non è possibile di costituirsi in assemblea attiva, senza prima conoscere coloro, che hanno il diritto di comporla, cioè coloro, che hanno la qualità di votare come rappresentanti della nazione, i deputati de' comuni credono di dover fare un ultimo tentativo presso i membri del clero e della nobiltà, che pure hanno rifiutato fin ora di farsi riconoscere.

Del resto, l'assemblea avendo interesse di verificare il rifiuto di quelle due classi di deputati, nel caso in che durassero a volere restare sconosciuti, ella giudica indispensabile di fare un ultimo invito, che sarà loro comunicato da deputati aventi l'incarico di farne loro lettura, e lasciargliene copia ne' seguenti termini:

Signori, noi siamo incaricati da' deputati de' comuni di Francia di prevenirvi, che essi non possono più differire a sodisfare l'obbligazione imposta a tutti i deputati della nazione. È tempo certamente, che coloro i quali s'annunziano con una tal qualità, si riconoscano per una verificazione comune de' loro poteri, e comincino alfine ad occuparsi dell'interesse nazionale, che solo, ad esclusione di tutti gl'interessi particolari, si presenta come il grande oggetto a cui tutti i deputati devono tendere con uno sforzo comune. In conseguenza, e per la necessità in cui sono i rappresentanti della nazione di porsi in attività, i deputati de' comuni vi pregano nuovamente, o signori, e il loro dovere gli prescrive di farvi, tanto individualmente che collettivamente, l'estremo invito di venire nella sala degli stati per assistere, concorrere, e sottomettervi com'essi alla comune verificazione de' poteri. Noi siamo nel medesimo tempo incaricati d'avvertirvi, che l'appello generale di tutti i baliaggi convocati sarà fatto tra un'ora, che subito dopo sarà proceduto alla verificazione e dichiarato la contumacia de' non comparsi.

# NOTA 3, PAGINA 62.

Non confermo di citazioni e di note, che quello che può esser conteso. La questione, se noi avevamo una costituzione, mi sembra delle più importanti della rivoluzione, perchè la mancanza d'una legge fondamentale ci giustifica d'averne voluta far'una. Credo che a questo proposito non si possa citare un'autorità più rispettabile e meno sospetta di quella di Lally-Tolendal. Quest'eccellente cittadino pronunziò il 15 giugno 1789, nella camera della nobiltà, un discorso di cui ecco la più gran parte:

> Sono stati fatti, o signori, de' lunghi rimproveri, giunti a qualche amarezza, ai membri di quest'assemblea, che con ugual dolore e riservatezza hanno manifestato dei dubbi su quella che appellasi la nostra costituzione. Quest'obietto non avrebbe forse relazione molto diretta con quello che noi trattiamo; ma poichè egli è stato il pretesto dell'accusa, il sia pure della, difesa, e mi sia lecito di dirigere alcune parole agli autori di questi rimproveri.

> Noi non abbiamo certamente una legge che stabilisca, che gli stati generali fan parte integrale della sovranità, poichè noi la domandiamo; e finquì, talora un decreto del consiglio proibiva loro di deliberare, talora un decreto del parlamento annullava le loro deliberazioni.

> Noi non abbiamo una legge che ordini il ritorno periodico degli stati

generali, poichè la domandiamo; e sono cento settantacinque anni che non erano stati adunati.

Noi non abbiamo una legge, che ponga la nostra sicurezza, la nostra libertà individuale in salvo dagli attentati arbitrari, poichè la domandiamo; e sotto il regno d'un re, di cui l'Europa intiera conosce la giustizia e rispetta la probità, i ministri han fatto carpire i nostri magistrati dal santuario delle leggi per mezzo di satelliti armati. Sotto il regno precedente tutti i magistrati del regno sono stati pure rapiti dalle loro adunanze, da' loro domicili, e balestrati in esilio, altri sulle cime delle montagne, altri nel fango delle maremme, e tutti in posti più orridi delle più orride prigioni. Risalendo più in là, noi troviamo un diluvio di cento mila ordini reali segreti per miserabili querele di teologia. Allontanandosi ancora, vediamo tante commissioni sanguinarie, quante carcerazioni arbitrarie, e non troveremo ove riposarci che al regno del buon Enrico.

Noi non abbiamo una legge, che stabilisca la libertà della stampa, poichè la domandiamo; e finquì i nostri pensieri sono stati schiavi, incatenati i desideri, il grido dei cuori oppressi è stato soffocato, quando dal dispotismo dei particolari, quando del dispotismo più terribile delle corporazioni.

Noi non abbiamo, o non abbiamo più, una legge che necessiti il nostro consenso per le imposizioni, poichè la domandiamo; e da due secoli siamo stati gravati di più di tre o quattro cento milioni d'imposizioni, senza averne acconsentito uno solo.

Noi non abbiamo una legge, che renda responsabili tutti i ministri del potere esecutivo, poichè la domandiamo; e gli uomini di quelle commissioni sanguinarie, i distributori degli ordini arbitrari, i dilapidatori del pubblico erario, i violatori del santuario della giustizia, quei che hanno sedotto le virtù d'un re, quei che hanno lusingato le passioni d'un altro, quei che hanno cagionato la rovina della nazione, non hanno reso alcun conto, non hanno patito alcuna pena.

Finalmente noi non abbiamo una legge generale, positiva, scritta, un diploma nazionale e reale insieme, una gran carta, sulla quale riposi un ordine fisso e invariabile, ove ciascuno apprenda quello che deve sacrificare della sua libertà, della sua propietà, per conservare il restante, che assicuri tutti i diritti, che definisca tutti i poteri. Al contrario, il reggimento del nostro governo ha variato da un regno all'altro, spesse volte da ministri a ministri; è dipenduto dall'età, e dal carattere d'un uomo. Nelle minorità, o sotto un principe debole, l'autorità reale che interessa alla felicità e alla dignità della nazione, è stata indegnamente avvilita, o per li grandi, che d'una mano scuotevano il trono e dell'altra opprimevano il popolo, o per le corporazioni, che in un tempo invadevano con temerità, quello che in un altro avevan difeso con coraggio. Sotto principi orgogliosi che sono stati adulati, e sotto principi virtuosi che sono stati ingannati, quella stessa autorità è stata spinta di là da tutti i confini. I nostri poteri secondari, i nostri poteri intermedi, come li chiamiamo, non sono stati nè meglio definiti, nè meglio fissati. Ora i parlamenti hanno posto per principio, che non potevano ingerirsi negli affari dello stato; ora hanno sostenuto che apparteneva loro di trattarli come rappresentanti della nazione. Si è visto da un lato proclami annunzianti le volontà del re; e dall'altro decreti, coi quali gli officiali del re proibivano in nome del re, l'esecuzione degli ordini del re. I tribunali non son meglio d'accordo tra loro; essi si contendono l'origine, e le funzioni; e a vicenda si fulminano con dei decreti,

Io ristringo questi particolari, che potrei estendere all'infinito; ma se tutti questi fatti son veri, se noi non abbiamo nissuna di quelle leggi che domandiamo e che ho discorso; o se avendole (fate bene attenzione a questo), o se avendole, non abbiamo quella che forza ad eseguirle, quella che n'assicuri il compimento, e ne mantenga la stabilità, definiteci dunque che cosa intendete per costituzione, e convenite almeno, che puossi concedere qualche indulgenza a coloro, che non possono preservarsi da qualche dubbio sull'esistenza di questa costituzione. Si parla continuamente di restringersi a questa costituzione; oh! piuttosto togliamoci davanti agli occhi questo fantasma, e sostituiamoci il vero. E circa all'espressione *di novazioni*, circa a quella qualificazione *di novatori*, di cui non si cessa d'aggravarci, confessiamo pure che i primi novatori ci stanno in mano, i primi novatori sono i nostri mandati, rispettiamo, benediciamo questa felice innovazione, che deve tutto collocare al suo sito, rendere inviolabili tutti i diritti, tutte le autorità benefiche, tutti i sudditi felici.

Signori, io nudro delle brame per questa costituzione; essa è l'oggetto di tutti i nostri mandati, e deve essere la mira di tutte le nostre fatiche; è dessa, che repugna alla sola idea del messaggio che è proposto, messaggio che comprometterebbe il re come la nazione, messaggio che mi sembra tanto pericoloso, che non solo me gli opporrò fino all'ultimo istante, ma, se fosse possibile che venisse approvato, io mi crederei ridotto alla dolorosa necessità di protestare solennemente contro di esso.

# NOTA 4, PAGINA 62

Credo utile di riferire il ristretto de' mandati esposto all'assemblea nazionale da Clermont-Tonnerre. È un'eccellente statistica dell'opinioni di quell'epoca in tutta la superficie della Francia. Per questo risguardo, il ristretto è infinitamente importante; e quantunque Parigi avesse influito sulla compilazione di questi mandati, è sempre vero che le provincie vi ebbero la massima parte.

Relazione della deputazione di costituzione, contenente il ristretto de' mandati su questo articolo, letta all'assemblea nazionale dal conte de Clermont-Tonnerre, nell'adunanza de' 27 luglio 1789.

Signori, noi siamo chiamati a rigenerare l'impero francese; noi rechiamo a questa grand'opra il nostro sapere, e quello de' nostri mandanti.

Abbiamo creduto di dover prima riunire e presentarvi i lumi sparsi nel maggior numero de' mandati; poi vi presenteremo le opinioni particolari della vostra deputazione, e quelle che ella ha potuto, o potrà raccogliere ancora ne' vari progetti, nelle varie osservazioni, che le vennero o che le verranno partecipate o rimesse da' membri di quest'augusta assemblea.

Vi rendiamo conto, o Signori, della prima parte di questo lavoro.

Signori, i nostri mandanti son tutti d'accordo sopra d'un punto: essi vogliono la rigenerazione dello stato; ma gli uni l'aspettano dalla semplice riforma degli abusi, e dal ristabilimento d'una costituzione esistente da quattordici secoli, che loro è sembrato poter ancora rivivere, riparando gli oltraggi che le hanno recato i tempi, e le numerose aggressioni dell'interesse personale contro l'interesse pubblico.

Gli altri hanno considerato il presente reggimento sociale come talmente vizioso, che hanno domandato una nuova costituzione, e, all'eccezione del governo e delle forme monarchiche, che è in cuore d'ogni francese d'accogliere e di rispettare, e che ci hanno ordinato di conservare, essi ci hanno munito di tutti i poteri necessari per creare una costituzione, e locare su principi sicuri, e sulla separazione e instituzione regolare di tutti i poteri, la prosperità dell'impero francese; Signori, questi hanno creduto, che il primo capitolo della costituzione dovesse contenere la dichiarazione dei diritti dell'uomo, di que' diritti imprescrittibili, per la conservazione de' quali fu stabilita la società.

La domanda della dichiarazione de' diritti dell'uomo, sì lungamente disprezzati, è per così dire la sola differenza che passa tra i mandati che desiderano una nuova costituzione, e quelli che non chiedono che il ristabilimento di quella che riguardano come la costituzione esistente.

Gli uni e gli altri hanno ugualmente fisso le loro idee su' principii del governo monarchico, sull'esistenza e sull'ordinamento del potere e del corpo legislativo, sulla necessità del consentimento nazionale per l'imposizioni, sull'ordinamento de' corpi amministrativi, e su' diritti de' cittadini.

Passiamo, o Signori, a discorrere questi diversi oggetti, ed offrirvi su ciascuno di essi, come decisioni i resultati uniformi, e come questioni i resultati differenti o contraddittori presentati da' mandati di cui ci è stato possibile di fare o di procurarci lo spoglio.

1°. Il governo monarchico, l'inviolabilità della persona sacra del re, e la successione alla corona per linea mascolina, sono ugualmente riconosciute e consecrate dal maggior numero de' mandati, e non son poste in dubbio da alcuno.

2°. Il re è riconosciuto ugualmente come depositario di tutta la pienezza del potere esecutivo.

3°. La responsabilità di tutti i ministri dell'autorità è domandata generalmente.

4°. Alcuni mandati consentono al re il potere legislativo, limitato dalle leggi costituzionali e fondamentali del regno; altri consentono solo al re, nell'intervallo da un'assemblea all'altra di stati generali, di poter fare leggi provvisorie di vigilanza e d'amministrazione, per le quali richiedono il libero registro delle corti supreme; un baliaggio ha pure richiesto che la registrazione non possa eseguirsi, che col consenso de' due terzi delta deputazioni intermedie dell'assemblee di distretto. Il maggior numero de' mandati consente il bisogno della sanzione reale per la promulgazione delle leggi.

Circa al potere legislativo, la pluralità de' mandati lo confessa come residente nella rappresentazione nazionale, sotto la clausula della sanzione reale; e sembra che l'antica massima de' Capitolari: *Lex fit consensu populi et constitutione regis*, sia quasi generalmente approvata da' vostri mandanti.

Circa all'ordinamento della rappresentazione nazionale, le questioni sulle quali debbiamo decidere si riferiscano alla convocazione, o alla durata, o alla composizione della rappresentanza nazionale, o al modo di deliberare proposto da' nostri mandanti.

Circa alla convocazione, alcuni hanno dichiarato che gli stati generali non possono disciogliersi che da se stessi; altri, che il diritto di convocare, prorogare, e disciogliere, appartiene al re, colla sola condizione pel caso di dissoluzione, di fare immediatamente una nuova convocazione.

Circa alla durata, alcuni hanno chiesto la periodicità degli stati generali, ed han voluto che il ritorno periodico non dipenda nè dalla volontà nè dall'interesse dei depositari dell'autorità; altri, ma in minor numero, hanno chiesto la permanenza degli stati generali, in guisa che la separazione dei suoi membri non formi dissoluzione degli stati.

Il sistema della periodicità ha fatto nascere una seconda questione: Vi sarà una deputazione intermedia nell'intervallo delle sessioni? La pluralità de' mandanti ha riguardato lo stabilimento d'una deputazione intermedia come un'istituzione pericolosa.

Circa alla composizione, alcuni hanno opinato per la separazione de' tre ordini; ma, a questo riguardo, l'estensione delle facoltà, che han già ottenuto molti rappresentanti, lascia certamente maggior latitudine per la soluzione di questa questione.

Alcuni baliaggi hanno domandato la riunione de' due primi ordini in una camera sola; altri l'abolizione dell'ordine del clero, e la divisione de' suoi membri fra gli altri due ordini; altri che la rappresentanza della nobiltà sia doppia di quella del clero, e che ambedue insieme siano uguali a quella de' comuni.

Un baliaggio, domandando la riunione de' due primi ordini, ha domandato lo stamento d'un terzo ordine, col titolo d'ordine delle campagne. È stato parimente domandato, che ogni persona avente una carica, impiego, o ufizio alla corte, non possa essere deputata agli stati generali. Finalmente l'inviolabilità della persona de' deputati è concordata da gran numero di baliaggi, e non è impugnata da alcuno. Circa al modo di deliberare, la questione del voto per capi e del voto per ordini è risoluta: alcuni baliaggi domandano i due terzi de' voti per prendere una risoluzione.

La necessità del consenso nazionale per l'imposizioni è riconosciuta generalmente dai mandanti, è stabilita da tutti i mandati; tutti limitano la durata dell'imposizioni al termine, che loro avremo fissato, termine che non potrà mai estendersi che da una convocazione all'altra; e questa clausola imperativa è sembrata a tutti i nostri mandanti la garanzia più sicura della perpetuità delle nostre assemblee nazionali.

Gl'imprestiti, non essendo altrochè imposizioni indirette, è sembrato loro dover essere soggetti agli stessi principi.

Alcuni baliaggi hanno eccettuato dalle imposizioni a tempo, quelle che avessero per oggetto di provvedere al debito nazionale, ed han creduto che dovessero esser percette fino alla sua intiera estinzione. Circa a' corpi amministrativi o stati provinciali, tutti i mandati ne domandano lo stabilimento, e la maggior parte si rimettono alla nostra prudenza per la loro ordinazione.

Finalmente, i diritti de' cittadini, la libertà, la propietà, son fortemente richieste da tutta la nazione francese. Essa richiede per ciascun de' suoi membri l'inviolabilità delle propietà private, come richiede per sè l'inviolabilità della propietà pubblica; richiede in tutta la sua estensione la libertà personale, come ha già stabilito per sempre la libertà nazionale; richiede la libertà della stampa, ossia la libera comunione dei pensieri; si scaglia con indignazione contro gli ordini reali segreti, che disponevano arbitrariamente delle persone, e contro la violazione del segreto delle poste, una delle più assurde e delle più infami invenzioni del dispotismo.

In mezzo a questa varietà di reclami, noi abbiamo notato, o Signori, alcune particolari differenze intorno agli ordini segreti, e alla libertà della stampa. Voi le librerete nella vostra saviezza; voi assicurerete certamente quel sentimento d'onor francese, che, per orrore all'onta, ha qualche volta obliato la giustizia, e che porrà senza fallo tenta sollecitudine a sottomettersi alla legge quando comanderà a' forti, quanta ne poneva a sottrarvisi, allorchè non pesava che sul debole; voi calmarete le inquietudini della religione, sì sovente oltraggiata da' libelli in tempo di reggimento proibitivo, e il clero rimembrando che la licenza fu lungo tempo compagna della schiavitù, riconoscerà egli ancora che il primo e naturale effetto della libertà è il ritorno dell'ordine, della decenza, e del rispetto per gli oggetti della pubblica venerazione.

Tal è, o Signori, il conto che la vostra deputazione ha creduto rendervi della parte de' mandati che tratta della costituzione. Vi troverete certamente tutte le pietre fondamentali dell'edifizio che siamo incaricati d'elevare alla degna altezza; ma vi desidererete forse quell'ordine, quell'unione di concetti politici, senza i quali il reggimento sociale presenterà sempre numerosi difetti: i poteri sono indicati, ma non sono ben . dichiarati colla necessaria precisione; l'ordinazione della rappresentanza nazionale non è bastantemente dichiarata; i principii dell'eligibilità non vi sono stabiliti: questi successi dovranno nascere dal nostro lavoro. La nazione ha voluto esser libera, ed ha incaricato noi della sua liberazione; il genio della Francia ha accelerato il progresso dello spirito nazionale. Ha fatto in poc'ora un complesso dell'esperienze, che si potevano appena sperare da molti secoli. Noi possiamo, o Signori, dare una costituzione alla Francia; il re ed il popolo la dimandano; l'uno e l'altro l'hanno meritata.

PRODOTTO DELLO SPOGLIO DE' MANDATI.

*Principii concordi.*

ART. 1. Il governo francese è un governo monarchico.

2. La persona del re è inviolabile e sacra.

3. La corona è ereditaria a linea mascolina.

4. Il re è depositario del potere esecutivo.

5. Gli agenti del governo sono responsabili.

6. La sanzione reale è necessaria per la promulgazione delle leggi.

7. La nazione fa la legge congiuntamente alla sanzione reale.

8. Il consenso nazionale è necessario per gl'imprestiti, e per le imposizioni.

9. L'imposizioni non possono esser concesse che da una convocazione all'altra degli stati generali.

10. La proprietà è sacra.

11. La libertà personale è sacra.

Questioni, sulle quali la generalità dei mandati non s'è espressa in una maniera conforme.

Art. 1. Il re ha il potere legislativo limitato dalle leggi costituzionali del regno?

2. Il re può fare da sè delle leggi provvisorie di vigilanza, e d'amministrazione, nell'intervallo delle convocazioni degli stati generali?

3. Queste leggi saranno sottoposte alla libera registrazione delle corti supreme?

4. Gli stati generali possono disciogliersi altro che da se stessi?

5. Il re può da se convocare, prorogare, e disciogliere gli stati generali?

6. Nel caso di dissoluzione, il re è obbligato di fare immediatamente una nuova convocazione?

7. Gli stati generali saranno permanenti o periodici?

8. Essendo periodici, vi sarà una deputazione intermedia?

9. I due primi ordini saranno riuniti in una sola camera?

10. Le due camere si formeranno senza distinzione d'ordini?

11. I membri dell'ordine del clero saranno distribuiti fra gli altri due ordini?

12. La rappresentanza del clero, della nobiltà, e de' comuni, sarà nella ragione numerica d'uno, due, e tre?

13. Sarà stabilito un terzo ordine col titolo d'ordine delle campagne?

14. Le persone che godono cariche, impieghi, o uffizi alla corte, potranno essere deputate agli stati generali?

15. I due terzi delle voci saranno necessarie per prendere una risoluzione?

16. Le imposizioni, che hanno per oggetto di provvedere al debito nazionale saranno percette fino alla sua intiera estinzione?

17. Gli ordini reali segreti saranno aboliti, o temperati?

18. La libertà della stampa sarà intera, o temperata?

# NOTA 5, PAGINA 104.

Si troverà al principio del secondo volume, al cominciar della storia dell'assemblea legislativa, un giudizio che sembrami giusto, su difetti accagionati alla costituzione del 91. Non ho che una parola da dire sul progetto di stabilire in Francia, in quell'epoca, il governo inglese. Tal forma di governo è una transazione fra i tre interessi che dividono gli stati moderni,[1] la monarchia, l'aristocrazia, e la democrazia. Ma simile transazione non è possibile che dopo l'esaurimento delle forze, cioè dopo la battaglia, cioè dopo la rivoluzione. In Inghilterra in fatti non è seguita, che dopo lungo conflitto, dopo la democrazia, e l'usurpazione. Il volere eseguire la transazione avanti la battaglia, è un voler fare la pace avanti la guerra. Questa è una trista verità, ma è incontrastabile; gli uomini non trattano, che quando hanno esaurito le forze. La costituzione inglese non era dunque possibile in Francia, altro che dopo la rivoluzione. Fecevasi bene sicuramente a predicarla, ma fu fallita la via; e quand'anche non si fosse fallita, sarebbe mancato il successo. Aggiungerò, per diminuire il rammarico, che qualora si fosse scritta sulle tavole delle nostre leggi la costituzione inglese tutta intera, questo trattato non avrebbe calmato le passioni, si sareb-

---

[1] Non tutti. T.

be ugualmente venuti alle mani, e la battaglia si sarebbe appiccata ad onta di questo trattato preliminare. Lo ripeterò dunque, ci voleva la guerra, cioè la rivoluzione. Iddio non ha concesso giustizia agli uomini, che a prezzo di battaglie.

# NOTA 6, PAGINA 106.

Son ben lontano dal biasimare l'ostinazione del deputato Mounier, perchè nulla di più rispettabile della persuasione: ma è un fatto curioso a conoscere. Ecco in proposito un passo, tratto dalla *Relazione ai suoi committenti.*

Molti deputati, dic'egli, si proposero d'ottenere da me l'abbandono di questo principio (*la sanzione reale*), o abbandonandolo essi, d'indurmi per cambio a conceder loro un compenso; mi condussero presso un zelante amico di libertà, che bramava un'alleanza tra loro e me, perchè la libertà incontrasse minori impacci, e voleva solo esser presente alle nostre conferenze senza prender parte alla decisione. Per tentare di persuaderli, o per illuminare me stesso, accettai quelle conferenze. Fu declamato fortemente contro le pretese inconvenienze del dritto illimitato del re ad impedire una nuova legge, e fu asserito che se tal dritto fosse consentito dall'assemblea, ne nascerebbe la guerra civile. Queste conferenze due volte rinnovellate, non ebbero verun successo; elle furono riprese presso un Americano noto per li suoi lumi e le sue virtù, che possedeva l'esperienza insieme e la teoria delle istituzioni proprie a conservare là libertà. Egli fece in favore de' miei principi un giudizio favorevole. Quando ebber visto, che tutti gli sforzi per farmi abbandonare la mia opinione erano inutili, mi dichiararono alfine che tenevano poca importanza della questione *della sanzione reale*, quantunque l'avessero presentata alcuni giorni avanti come soggetto di guerra civile; offrivano di votare per *la sanzione* illimitata, e di votar ugualmente per le due camere, ma a condizione che io non sostenessi a favore del re il diritto di sciogliere l'assemblea dei rappresentanti; che io non richiedessi per la prima che *il divieto* sospensivo, e non mi opponessi ad una legge fondamentale che stabilisse dalle *convenzioni nazionali* ad epoche fisse, o a richiesta dell'assemblea dei rappresentanti, o a richiesta delle provincie, per rivedere la costituzione, e farvi tutti i cangiamenti che fossero giudicati necessari. Intendevano per *convenzioni nazionali*, assemblee, nelle quali si sarebbero trasferiti tutti i diritti della nazione; che avrebbero riunito tutti i poteri, per lo che avrebbero reso, nulla per la loro sola presenza l'autorità del monarca e della legislatura ordinaria; che avrebber potuto disporre arbitrariamente di tutti i generi d'autorità, sconvolgere a lor grado la costituzione, ristabilire il dispotismo, o l'anarchia. Volevasi infine lasciare, in tal guisa ad una sola assemblea, che avrebbe portato il titolo di convenzione nazionale, la dittatura suprema, ed esporre il regno al periodico ritorno de' tumulti e delle fazioni.

Dimostrai la mia sorpresa, di volermi indurre a trattare sugl'interessi del regno, come se noi ne fossimo gli assoluti padroni; feci osservare, che non lasciando altro che il *divieto* sospensivo alla prima camera, se ella fosse composta di membri eligibili sarebbe difficile di poterla formare di persone degne della pubblica fiducia; perchè tutti i cittadini preferirebbero d'esser nominati rappresentanti; e che la camera giudicatrice de' delitti di stato, doveva avere un'alta dignità; onde la sua autorità non doveva esser minore di quella dell'altra camera. Aggiunsi infine, che quando io teneva un principio per vero, era obbligato a difenderlo, e che non poteva disporne, perchè la verità appartiene a tutti i cittadini.

I particolari della condotta di Mirabeau verso tutti i partiti, non sono ancora ben conosciuti, ma son destinati ad esserlo ben tosto. Ho ottenuto de' ragguagli positivi da quei medesimi, che devono pubblicarli; ho avuto fra mano molti documenti importanti, e singolarmente il foglio scritto in forma di profession di fede, che costituisce il suo trattato segreto colla corte. Non mi è lecito di offrire al pubblico nessuno di questi documenti, nè di nominarne i depositari. Non posso che affermare quanto il futuro ben dimostrerà, allorchè tutti i ragguagli saran pubblicati. Quello che ho potuto dire veracemente si è, che Mirabeau non ha mai partecipato alle supposte trame del duca d'Orléans. Mirabeau partì di Provenza con un solo disegno, quello di combattere il potere arbitrario, per cui aveva patito, e che la ragione al pari degli affetti gli facevano considerar come detestabile. Giunto a Parigi frequentò molto un banchiere allora notissimo, uomo di sommo merito. Là ragionavasi molto di politica, di rendite, e di pubblica economia. Vi colse molte cognizioni su queste materie, ed ivi si congiunse con quella che chiamavasi l'esule colonia ginevrina, di cui Clavière, poscia ministro dell'erario, era membro. Peraltro Mirabeau non strinse alcun intimo legame. Avea ne' suoi modi molta familiarità, che attingeva dalla coscienza delle sue forze, coscienza che spingeva a volte sino all'imprudenza. In virtù di tale familiarità, egli s'appressava a tutti, e sembrava d'accordo con tutti quelli ai quali si rivolgeva. Ond'è che spesse volte fu creduto l'amico, e il complice di molte persone, colle quali non aveva nulla di comune. Ho detto, e lo ripeto, che era scevro di parte. L'aristocrazia non poteva pensare a Mirabeau; la parte di Necker e di Mounier non seppe intenderlo. Il duca d'Orléans soltanto è potuto sembrare unito con lui. Tal fu creduto, perchè Mirabeau trattava familiarmente col duca, ed ambedue essendo reputati avere una grande ambizione, l'uno come principe l'altro come tribuno, parevano doversi collegare. l'angustie di Mirabeau e la fortuna del duca sembravano pure cagione di lega. Nondimeno Mirabeau restò povero fino ai suoi legami colla corte. Intanto egli osservava tutte le parti, cercava di farle spiegare, e conosceva troppo bene la propria importanza, per impegnarsi leggermente. Una sola volta ebbe un principio di relazione con un agente supposto del duca d'Orléans. Fu invitato a desinare da questo preteso agente, ed egli che non temeva mai d'avventurarsi, accettò più per curiosità che per altra cagione. Prima di andarvi, ne fece parte al suo intimo confidente, e parve contentissimo di questo colloquio che gli faceva sperare grandi rivelazioni. Seguito il desinare Mirabeau tornò a riferire quanto era accaduto: non furon tenuti, che vaghi discorsi sul duca d'Orléans, sulla stima in che il medesimo  teneva i meriti di Mirabeau, e sull'attitudine che a lui giudicava per governare uno stato. Questo colloquio fu dunque insignificantissimo, e potè al più rivelare a Mirabeau che poteva esser fatto ministro. Ond'ei non mancò di dire all'amico, colla solita giocondità: "Io non posso fallire d'esser ministro, perchè il duca, d'Orléans e il re vogliono parimente nominarmi." Questi non erano che scherzi, e Mirabeau non ha mai avuto fede ne' disegni del duca. In una nota successiva dimostrerò qualche altra particolarità.

# NOTA 8, PAGINA 117.

La lettera del conte d'Estaing alla regina, è un documento curioso, che dovrà sempre esser consultato sulle giornate del 5 e 6 ottobre. Questo bravo marinaro, pieno di fedeltà e d'indipendenza (due qualità che sembrano contrarie fra loro, ma che pur trovansi congiunte sovente nella gente di mare), aveva conservato l'abitudine di dir tutto ai suoi principi da lui amati. La sua testimonianza non potrebbe revocarsi in dubbio, quando in una lettera confidenziale espone alla regina le trame da lui scoperte, e che l'hanno meravigliato. Vedrassi se veramente la corte era senza disegni a quell'epoca.

Il mio dovere e la mia fedeltà il vogliono, bisogna che io umilj a piedi della regina la narrazione del viaggio che ho fatto a Parigi. Mi lodano di dormire la vigilia d'un assalto, o d'una battaglia navale. Ardisco asserire, che non ho timore nelle faccende. Cresciuto presso S. A. il delfino che distinguevano, avvezzo a dire la verità a Versailles fin dall'infanzia, soldato e marinaro, cognito delle formalità, io le rispetto senza che elle possano alterare la mia franchezza, o la mia costanza.

E bene! m'è forza il confessarlo a vostra maestà, non ho potuto chiuder occhi nella notte. M'è stato detto nell'alta società, nell'alta compagnia (e che saria, giusto cielo, se si divulgasse fra il popolo!), m'è stato ripetuto, che si fanno delle firme tra il clero, e tra la nobiltà. Gli uni pretendono che sia di concerto col re; gli altri, alla sua insaputa. Assicurasi che è stato formato un progetto; che il re si ritirerà o sarà tolto per la Sciampagna o per Verdun, e andrà a Metz. Ho sentito rammentare Bouillé, e, da chi? da Lafayette, il quale me l'ha detto piano, in casa del signor Jauge, a mensa. Ho fremuto, che un familiare non l'udisse; gli ho fatto osservare che una sola parola dalla sua bocca poteva divenire un segnale di morte. Lafayette è freddamente positivo: egli mi ha risposto, che a Metz come altrove, i patriotti sono i più forti, e che era meglio la morte d'un solo per la salute di tutti.

Il barone de Breteuil, che indugia ad allontanarsi, conduce il progetto. È incettato del danaro, e vien promesso di fornire un milione e mezzo per mese. Il conte de Mercy è infelicemente citato come trattante di concerto. Questi sono i discorsi. Se si spargono fra il popolo, gli effetti sono incalcolabili: tutto ciò si dice ancora pian piano. Gli animi buoni mi son parsi spaventati delle conseguenze: il solo dubbio del fatto può produrne delle terribili. Sono stato presso l'ambasciatore di Spagna, e, non lo nascondo alla regina, il mio spavento s'è raddoppiato. Fernand-Nunès ha ragionato meco di questi falsi romori, dell'orrore che v'era a supporre un progetto impossibile, che partorirebbe la più calamitosa e la più vergognosa guerra civile, che rischierebbe lo smembramento o la perdita intera della monarchia, fatta preda alla rabbia interna, e all'ambizione straniera, che recherebbe la perdita irreparabile delle persone più care alla Francia. Dopo d'aver parlato della corte raminga, inseguita, ingannata da coloro che non l'han sostenuta quando il potevano, che vogliono al presente strascinarla nella loro caduta..., afflitta del generale fallimento fattosi allora inevitabile, e spaventevolissimo..., io ho detto che almeno non v'era altro male, fuori che quello che produrrebbe il divulgarsi di questa falsa notizia, perchè era un'idea senza alcun fondamento. L'ambasciatore di Spagna ha abbassato gli occhi a quest'ultima frase. Io mi son fatto insistente: egli ha alfine confessato, che qualche persona notabile e credibile, l'aveva informato d'essere stata cercata di armare un'associazione. Non me l'ha voluta nominare; ma, o per inavvertenza, o per lo meglio della cosa, non m'ha chiesto fortunatamente la mia parola d'onore, che mi sarebbe stato d'uopo tenere. Non ho promesso di non dire a nissuno questo fatto. M'inspira un terrore che non ho giammai conosciuto. Nol provo per me. Supplico la regina a riflettere nella sua saviezza tutto quello che potrebbe derivare da un passo falso: il primo costa assai caro. Ho visto il buon cuore della regina versar lagrime alla sorte delle vittime immolate; adesso sarebbero fiumi di sangue versato inutilmente, da sospirare. Anche la sola irresolutezza potrebbe essere irrimediabile. Bisogna correre avanti al torrente, bisogna mansuefarlo, per potere in parte dirigerlo. Nulla è perduto. La regina può riconquistare al re il reame. La natura le ne ha prodigati i mezzi; essi soli sono possibili. Ella può imitare la sua augusta madre: se nò, io taccio... Supplico la vostra maestà di darmi un'udienza un giorno di questa settimana.

La storia non può estendersi tanto da giustificare fino gl'individui, specialmente in una rivoluzione in cui anche le prime parti son tanto numerose. Lafayette è stato tanto calunniato, ed il suo carattere è sì puro e sì sostenuto, che è debito consecrargli almeno una nota. La sua condotta il 5 e 6 ottobre fu un continuo sacrificarsi; e nondimeno è stata rappresentata come un attentato, da uomini che gli dovevan la vita. Gli è stata rimproverata primieramente fino la violenza della guardia nazionale che strascinollo suo mal grado a Versailles. Niente di più ingiusto; perchè se puossi con fermezza dominar soldati condotti lungo tempo alla vittoria; i cittadini novellamente e spontaneamente armati, che non sono devoti che per l'ardore delle loro opinioni, sono irrefrenabili quando le opinioni li trasportano. Lafayette contese loro per un'intiera giornata, e certamente non si poteva pretendere di vantaggio. D'altronde nulla di più utile della sua partenza; perchè, senza la guardia nazionale il castello sarebbe stato preso d'assalto, e non si può dire quale sarebbe stata la sorte della famiglia reale in mezzo al popolare scatenamento. Come si è visto, se non erano i granatieri nazionali, le guardie del corpo avrebber patito violenza. La presenza di Lafayette e delle sue genti a Versailles, era dunque indispensabile.

Dopo avergli rimproverato d'esservi andato, gli è stato specialmente rimproverato d'essersi dato al sonno; e questo sonno è stato il segno del più crudele e del più reiterato di tutti i rimproveri.

Lafayette stette in piedi sino alle cinque dal mattino, consumò tutta la notte a spargere delle ronde, a ritornar l'ordine, e la tranquillità; e, quello che prova quanto le sue precauzioni fosser ben prese, è che niuno dei posti alle sue cure affidato venne assalito. Tutto sembrava quieto, ed egli fece una cosa che nissuno avrebbe mancato di fare nel caso suo, si gettò sovra un letto per riprendere un poco le forze come aveva bisogno, perchè da ventiquattro ore lottava contro la turba. Il suo riposare non durò una mezz'ora; egli arrivò alle prime grida, e in tempo per salvare le guardie del corpo, che stavano per essere uccise. Che gli si può dunque rimproverare...? di non essere stato presente nel primo minuto? ma l'istessa cosa poteva accadere in tutt'altra maniera; un ordine da dare, o un posto da visitare, potevano allontanarlo una mezz'ora dal punto ove accadeva la prima zuffa; la sua assenza, al primo istante del fatto, era la cosa più inevitabile di tutte. Ma giunse egli in tempo per liberare quasi tutte le vittime, per salvare il castello, e le persone auguste che conteneva? si sacrificò egli generosamente a' maggiori pericoli? ecco quello, che non si potrebbe negare, e che meritogli a quell'epoca delle dimostrazioni universali di grazie. Non fuvvi allora che una voce tra tutti coloro che aveva salvati. Madama de Staël, che non è sospetta di parzialità a favore di Lafayette, racconta d'aver udito le guardie del corpo gridare: *Viva Lafayette!* Mounier, che non è più sospetto di lei, loda la sua divozione; e Lally-Tolendal si duole che non siagli stata conferita in quel tempo una specie di dittatura (*vedi la Relazione ai suoi committenti*) questi due deputati sonosi assai dichiarati contro il 5 e 6 ottobre, onde la loro testimonianza venga accolta con piena fiducia. Niuno del resto osò negare ne' primi momenti una devozione, che era universalmente riconosciuta. Più tardi lo spirito di parte, sentendo il danno d'assentire delle virtù ad un costituzionale, fece negare i servigi di Lafayette; ed allora cominciò quella lunga calunnia, a cui non ha cessato di poi d'essere il segno.

NOTA 10, PAGINA 131.

Ho già esposto quali furono le relazioni quasi insignificanti di Mirabeau col duca d'Orléans. Ecco qual è il senso del famoso motto: *Questo p... f... non merita la pena che si danno per lui.* La forza usata da Lafayette verso il duca d'Orléans, dispiacque alla parte popolare, e indignò specialmente gli amici del principe condannato all'esilio. Questi pensavano ad eccitar Mirabeau contro Lafayette, col profittare della gelosia dell'oratore contro del capitano. Un amico del duca, Lauzun, andò una sera da Mirabeau a pressarlo di prendere la parola la mattina seguente. Mirabeau, che sovente si lasciava tirare, era per cedere, quando i suoi amici più solleciti di lui della sua condotta, l'indussero a non ne far nulla. Fu dunque risoluto di tacere. Il giorno dopo, all'apertura dell'adunanza, si seppe la partenza del duca d'Orléans; e Mirabeau, che aveva a noia la sua condiscendenza per Lafayette, e pensava agl'inutili sforzi de' suoi amici, disse: *Questo p ... f... non merita la pena che si danno per lui.*

NOTA 11, PAGINA 132.

Si trovavano in Mirabeau, come in tutti gli uomini grandi, molte piccolezze a canto a molta grandezza. Aveva un'imaginazione vivace, che bisognava nudrir di speranze. Era impossibile di farlo ministro, senza distruggere il suo potere, e quindi senza perder lui stesso, e l'ajuto che si poteva tirarne. D'altra parte ci voleva quell'esca alla sua fantasia. Pertanto coloro che stavano tra lui e la corte, consigliarono di lasciargli almen la speranza d'un ministerio. Nondimeno gl'interessi personali di Mirabeau non erano giammai l'oggetto d'alcuna menzione particolare nelle varie comunicazioni che seguivano; non si parlava mai in fatti nè d'argento nè di favori, e si rendeva difficile il fare intendere a Mirabeau quello che si voleva fargli sapere. A tal uopo fu indicato al re un modo molto sagace. Mirabeau aveva sì cattiva opinione, che poche persone avrebber voluto essergli colleghi. Il re dirigendosi a Liancourt, al quale aveva una stima particolare, dimandògli, se per essere utile a lui, accetterebbe un ministero in compagnia di Mirabeau. Liancourt, devoto al monarca, rispose esser pronto a fare tutto quello che chiedesse il bene del suo servizio. Questo discorso, riferito subito all'oratore, riempillo di contentezza, e non dubitò più, appena le vicende il permettessero, di non esser nominato ministro.

# NOTA 12, PAGINA 137.

Non sarà scevro d'interesse il conoscere l'opinione di Ferrières sul contegno de' deputati della sua medesima parte nell'assemblea.

Non v'erano nell'assemblea nazionale, dice Ferrières, che intorno a trecento membri veramente uomini probi, senza spirito di parte, stranieri all'una e all'altrui dell'assemblee popolari, desiderosi del bene, e desiderandolo per se stesso, disgiuntamente dagli interessi d'ordine, di corpo, sempre pronti ad abbracciare la proposizione più giusta e più utile, senza riguardo da chi venisse o da chi fosse difesa. Uomini degni dell'onorevole ufficio, al quale erano stati appellati, furon dessi che fecero le poche buone leggi uscite dall'assemblea costituente; son essi, che impedirono tutto il male, che ella non fece. Approvando sempre quello che era buono, e rimovendo quello che era cattivo, hanno sovente portato la pluralità in deliberazioni, che senz'essi sarebbero state rigettate dallo spirito di fazione; hanno sovente respinto proposizioni, che senza di loro sarebbero state accolte dallo spirito d'interesse.

Non posso astenermi in proposito di notare la condotta imprudente de' nobili, e dei vescovi. Siccome non miravano, che a far disciogliere l'assemblea, e a spargere disfavore sulle sue operazioni, lungi dall'opporsi ai cattivi decreti, essi mostravano a questo riguardo un'indifferenza, che non si sa capire. Uscivano dalla sala, quando il presidente poneva la questione, invitando i deputati di lor parte a seguirli; o se rimanevano, dicevan loro che non deliberassero. I fautori dell'assemblee popolari, per tale abbandono rimasi la pluralità nell'assemblea, decidevano tutto quello che loro piaceva. I vescovi, e i nobili, tenendo per fermo che il nuovo ordine di cose non potesse durare, avacciavano, con una sorta d'impazienza sperando d'accelerarne la caduta, e la perdita della monarchia e la propria. A questa insana condotta accoppiavano una noncuranza insultante e all'assemblea e al popolo che assisteva all'adunanze. Non ascoltavano mai, ridevano, parlavan forte, confermando così il popolo nell'opinione poco favorevole che aveva concepita di loro, e invece d'adoprarsi a ricuperarne la fiducia e la stima, non s'adopravano che ad acquistarne l'odio e il disprezzo. Tutte queste stoltizie derivavano, che i vescovi e i nobili non sapevano persuadersi, che la rivoluzione fosse fatta da lungo tempo nell'opinione, e nel cuore di tutti i Francesi. Si lusingavano di frenare, coll'ajuto di questi ripari, un torrente che ogni giorno ingrossavasi. E non facevano che aumentar la sua piena, che cagionare maggiori guasti, incaponendosi ostinatamente nell'antico regime, base di tutte le lor azioni, di tutte le loro opposizioni, ma di cui nessuno voleva sapere. Forzavano, con questa mal accorta ostinazione, i rivoluzionari ad estendere il loro sistema di rivoluzione più oltre ancora del segno che s'eran poposti. I nobili, e i vescovi, allora gridavano all'ingiustizia, alla tirannia. Ragionavano della vetustà, e della legittimità de' loro diritti, ad uomini che avevano minato la base di tutti i diritti.

*(Ferrières, Tomo II, pagina 122.)*

## NOTA 13, PAGINA 139.

Il richiamo delle guardie del corpo diede occasione ad una particolarità, che merita d'essere raccontata. La regina si lamentava con Lafayette, che il re non era libero, e ne dava ragione perchè il servizio del castello era fatto dalla guardia nazionale, e non dalle guardie del corpo. Lafayette le domandò subito se vedrebbe con piacere il richiamo di queste. La regina esitò prima a rispondere, ma non osò rifiutare l'offerta che le faceva il capitano di procurarne il richiamo. Egli si rese subito al municipio, il quale alle sue premure fece al re la domanda formale di richiamare le guardie del corpo offerendo di divider con esse il servizio del castello. Il re, e la regina, non udirono la dimanda con dispiacere; ma ne furon loro subito fatte conoscere le conseguenze, e coloro che non bramavano che sembrasser liberi, gl'indussero a rispondere con un rifiuto. Per altro il rifiuto era difficile a ragionare, e la regina, alla quale affidavansi spesse volte le commissioni difficili, fu incaricata di dire a Lafayette, che la proposta del municipio non era accettata. La ragione che addusse, fu di non volere esporre le guardie del corpo ad essere trucidate. Frattanto Lafayette n'aveva allora incontrata una a passeggiare in divisa al Palazzo-reale. Riferì questo fatto alla regina, la quale ne rimase ancora più imbarazzata, ma stette ferma nel proposito che era incaricata d'esprimere.

NOTA 14, PAGINA 140.

Il discorso di Monsignore al palazzo del comune, contiene un passo troppo importante, per non essere riportato.

Intorno alle mie personali opinioni, disse quel personaggio augusto, io parlerò con fiducia ai miei concittadini. Dal giorno in poi, che nella seconda assemblea de' notabili, io mi dichiarai sulla questione fondamentale che divideva le menti, non ho cessato di credere che una grande rivoluzione era vicina; che il re, per li suoi desideri, le sue virtù, e il suo grado supremo, doveva esserne il capo, poichè ella non poteva esser proficua alla nazione senza esserlo parimente al monarca; infine, che la regia autorità doveva essere il baluardo della libertà nazionale, e la libertà nazionale la base della regia autorità. Mi si citi una sola delle mie azioni, un solo de' miei discorsi, che abbia smentito questi principii, che abbia mostrato che in qualunque occasione io siami ritrovato, il bene del re, quello del popolo, abbian cessato d'esser l'unico oggetto de' miei pensieri, delle mie intenzioni: sino all'ora ho diritto d'esser creduto sulla parola, io non ho mai cangiato di sentimenti nè di principii, e non cangierò mai.

## NOTA 15, PAGINA 142.

Il discorso pronunziato dal re in questa occasione, è troppo notabile per non esser citato con alcune osservazioni. Questo principe eccellente e troppo sventurato, stava in una continua incertezza, e, per alcuni istanti, vedeva con molta giustezza i suoi propri doveri e i torti della corte. Lo spirito che domina nel discorso del 4 febbraio, prova abbastanza che in quest'occasione le parole non gli erano imposte, e che s'esprimeva con sentimento verace della sua presente situazione.

Signori, la gravità dei casi, in che si trova la Francia, mi trae in mezzo di voi. Lo scioglimento successivo di tutti i legami d'ordine e di subordinazione, la sospensione o l'inefficacia della giustizia, le scontentezze che nascono dalle privazioni particolari, le opposizioni, gli odi calamitosi che sono effetti inevitabili di lunghe dissensioni, la difficile condizione pecuniaria, e le incertezze sulla pubblica fortuna, finalmente la generale agitazione degli animi, tutto sembra riunito per alimentare l'inquietudine de' veri amici della prosperità e del bene del regno.

Un grande scopo si presenta a' vostri sguardi; ma è mestieri di giungervi senza aumento di tumulti, e senza nuovi rivolgimenti. Io sperava, il deggio dire, di condurvici d'una maniera più dolce e più tranquilla, allorchè formai il disegno di convocarvi e di riunire per la pubblica felicità i lumi e le volontà de' rappresentanti della nazione; ma la mia sorte e la mia gloria non son meno strettamente congiunte a' successi delle vostre fatiche.

Io le ho guarentite per una continua vigilanza, dal potere funesto che potevan esercitare sopra di loro le circostanze sventurate, in mezzo alle quali vi trovate collocati. Gli orrori della carestia che la Francia aveva a temere nell'anno scorso, sono stati allontanati per le moltiplici sollecitudini, e per l'immense provvisioni. Il disordine, che l'antica condizione dell'erario, il discredito, l'eccessiva scarsezza del danaro, e il deperimento successivo delle rendite, dovevano naturalmente produrre, è stato fin'ora, almeno nel suo impeto e nei suoi eccessi, evitato. Ho mitigato per tutto, e specialmente nella metropoli, i dannosi effetti della mancanza del lavoro: e non ostante l'indebolimento di tutti i mezzi d'autorità, ho mantenuto il regno, non già, è vero, nella calma che avrei desiderato, ma in un grado di tranquillità sufficiente ad accogliere il benefizio d'una saggia e ben ordinata libertà; finalmente, non ostante la nostra interna situazione generalmente conosciuta, e non ostante le politiche procelle che agitano altre nazioni, ho conservato la pace al di fuori, ed ho mantenuto con tutte le potenze dell'Europa le relazioni di riguardo e d'amicizia che possono fare tal pace durevole.

Dopo avervi così preservati da' gravi contrasti, che facilmente potevano intralciare le vostre sollecitudini e i vostri lavori, io credo giunto il momento, in cui l'interesse dello stato richiede ch'io m'associ in una maniera ancora più espressa e più manifesta, all'esecuzione e alla riuscita di tutto quello che avete concertato per lo vantaggio della Francia. Non posso cogliere una più grande occasione di quella, in cui mi presentate ad'accettare i decreti destinati a stabilire nel regno un ordinamento novello, che deve esercitare un potere sì grande e sì propizio por la felicità de' miei sudditi, e per la prosperità di quest'imperio.

Voi il sapete, o signori, son più di dieci anni, ed in un tempo in cui il voto della nazione non erasi per anche espresso sull'assemblee provinciali, io aveva cominciato a sostituire tal sorta d'amministrazioni, a quelle da un'antica e lunga abitudine sanzionate. L'esperienza avendomi fatto conoscere che non m'era ingannato nell'opinione da me concetta dell'utilità di simili istituzioni, ho cercato di far godere del benefizio medesimo tutte le provincie del mio regno; e per assicurare all'amministrazioni novelle la generale fiducia, ho voluto che i membri di cui devono esser composte, fossero nominati liberamente da tutti i cittadini. Voi avete migliorate queste provvisioni in molte maniere; e la più essenziale certamente è la divisione eguale e saggiamente ragionata, che indebolendo l'antica separazione da provincia a provincia, e stabilendo un sistema generale e intero d'equilibrio, meglio riunisce in un medesimo spirito e in un medesimo interesse tutte le parti del regno. Quest'idea grande, questo salutare concetto, sono intieramente a voi dovuti: non ci voleva meno, che la riunione delle volontà de' rappresentanti della nazione, non ci voleva meno che il loro giusto potere sulla generale opinione, per intraprendere con fiducia un cangiamento di sì vasta importanza, e per vincere in nome della ragione le resistenze delle abitudini e degl'interessi particolari.

Tutto quello che quivi dice il re, è perfettamente giusto, e ottimamente ragionato. È vero; che tutti i miglioramenti egli aveali tentati di suo proprio moto, dando un raro esempio ai principi, quello di prevenire i bisogni de' sudditi. Gli elogi dati alla nuova divisione del territorio, presentano parimente il carattere d'un'intera buona fede, perchè dessa era utile certamente al governo, distruggendo le resistenze che soventi volte gli avevano opposto le località. Tutto dunque, induce a credere, che quivi parlasse con perfetta sincerità. E continua:

Favorirò, seconderò con tutti i mezzi che sono in mio potere il successo di questo vasto ordinamento, da cui deriva la salute della Francia; e, m'è necessario di dirlo, troppo son compreso dall'interna situazione, ho gli occhi troppo aperti su i pericoli d'ogni genere onde siam cinti, per non sentire profondamente, che nella disposizione presente degli animi, e a considerare lo stato in che trovansi gli affari pubblici, bisogna che il nuovo ordine di cose si stabilisca con calma e con tranquillità, o che il regno rimanga esposto a tutte le calamità dell'anarchia.

I veri cittadini vi riflettano, come l'ho fatto io, fissando unicamente la loro attenzione sul bene dello stato; e vedranno che con differenti opinioni eziandio un interesse eminente deve riunirli oggi tutti. Il tempo riformerà quanto potrà restar di vizioso nel complesso delle leggi che saranno l'opera di quest'assemblea.

(*Questa critica indiretta e moderata, prova che il re non voleva adulare, ma dire la verità usando della necessaria riservatezza*).

Ma qualunque intrapresa tendente a smuovere i principii stessi della costituzione, qualunque concerto avente per mira d'abbatterli o indebolirne il felice influsso, non varrebbe che ad introdurre in mezzo di noi i mali terribili della discordia; e supponendo il successo di simile tentativo contro il mio popolo e me, l'avvenimento ci priverebbe, senza contraccambio, di molti beni di cui il nuovo ordine di cose ci offre la speranza.

Abbandoniamoci dunque di buona fede alle speranze, che possiamo nudrire, e non pensiamo ad altro che a verificarle per un accordo comune. Sappiasi ovunque, che il monarca e i rappresentanti della nazione sono uniti da uno stesso interesse, da una stessa brama, affinchè questa opinione, questa ferma credenza, spanda nelle provincie uno spirito di pace e di buona volontà, e che tutti i cittadini commendabili per onestà, tutti coloro che sono in grado di servire essenzialmente lo stato col loro zelo e co' loro lumi, s'affrettino di prender parte alle differenti suddivisioni dell'amministrazione generale, il cui concatenamento e complesso devono contribuire efficacemente al ristabilimento dell'ordine e alla prosperità del regno.

Noi non dobbiamo dissimularlo; v'è molto da fare per arrivare a questo scopo. Una volontà continua, uno sforzo generale e comune, sono assolutamente necessari per ottenere il buon successo. Continuate dunque le vostre fatiche senz'altra passione, che quella del bene; fissate sempre la vostra prima attenzione sulla sorte del popolo, e sulla pubblica libertà; ma occupatevi ancora di mitigare, di calmare tutte le diffidenze, e ponete fine, al più presto possibile, alle diverse inquietudine che rimuovono dalla Francia un sì gran numero de suoi concittadini, e il cui effetto contrasta colle leggi di sicurezza e di libertà che volete stabilire: la prosperità non tornerà altro che colla contentezza generale. Noi scorgiamo per tutto delle speranze; siamo solleciti di vedere eziandio per tutto la felicità.

Un giorno, giova il crederlo, tutti i Francesi indistintamente riconosceranno il vantaggio dell'intera abolizione delle differenze d'ordine e di stato, quando si tratta di fatigare in comune al ben pubblico, a questa patria prosperità che interessa ugualmente tutti i cittadini; e ciascuno deve vedere senza pena, che per esser chiamato d'ora innanzi a servire in qualunque maniera lo stato, basti d'essersi reso notabile per meriti e per virtù.

Nondimeno, tutto ciò che rammenta al tempo stesso ad una nazione l'antichità e la continuità de' servigi d'una stirpe onorata, è una distinzione che nulla può distruggere; e come essa è congiunta a' doveri di riconoscenza, coloro che in tutte le classi della società aspirano a servire efficacemente la patria, coloro che hanno avuto già la fortuna di farlo, hanno interesse a rispettare questa successione di titoli o di memorie, che è il più bel retaggio che si possa lasciare a' figliuoli.

Il rispetto parimente dovuto ai ministri della religione non si potrà oscurare; e allorchè la loro stima sarà particolarmente congiunta alle sante verità, che stanno sotto l'egida dell'ordine e della morale, tutti i cittadini onesti ed illuminati avranno uguale interesse a mantenerla e a difenderla.

*Certamente coloro, che hanno abbandonato i loro privilegi pecuniari, coloro che non formeranno più come altra volta un ordine politico nello*

*stato, si trovano soggetti a de' sacrifizii de' quali conosco tutto il momento;*
*ma essi avranno, ne son persuaso, bastante generosità da cercarne ricompen-*
*sa ne' pubblici vantaggi, de' quali lo stabilimento dell'assemblee nazionali*
*porge la speranza.*

Il re, come si vede, seguita ad esporre a tutti i partiti i vantaggi delle
nuove leggi, e al tempo medesimo la necessità di conservare qualche
cosa delle antiche. Quello, che dirige a' privilegiati, prova la sua vera
opinione sulla necessità e sulla giustizia de' sacrifizii loro imposti; e la
loro resistenza sarà eternamente condannata dalle parole che contiene questo discorso. Vanamente direbbesi che il re non fosse libero: la
cura che prendesi di conguagliare le concessioni, i consigli e fino i
rimproveri, mostrano che egli parlava sinceramente. Ei s'espresse ben
altrimenti, quando più tardi volle fare apparire lo stato di violenza nel
quale credeva d'essere. La sua lettera agli ambasciatori, riportata in
appresso, il mostrerà abbastanza. L'esagerazione tutta popolare che vi
predomina, prova l'intenzione di non sembrare più libero. Ma qui la
moderazione non lascia alcun dubbio, e quello che segue è così tenero, così delicato, che non è possibile di non averlo sentito, quando sì
è consentito a scriverlo e a pronunziarlo.

Avrei io pure delle perdite a nominare, se in mezzo a' maggiori interessi dello stato, mi sostassi a de' calcoli, personali; ma io trovo un compenso che basta, un compenso pieno e intiero, nell'aumento della felicità nazionale; ed esprimo questo sentimento dal fondo del cuore.

Difenderò dunque, manterrò la libertà costituzionale, della quale il
desiderio generale concorde col mio ha consecrato i principii. *Io farò di*
*più; d'accordo colla, regina, che divide tutti i miei sentimenti, preparerò di*
*buon'ora la mente e il cuore di mio figlio al nuovo ordine di cose che i tempi*
*hanno condotto. L'avvezzerò ne' primi anni ad esser felice della felicità de'*
*francesi,* e a riconoscer sempre, malgrado il linguaggio degli adulatori,

che una savia costituzione lo libererà da' pericoli dell'inesperienza, e che una giusta libertà aggiunge un nuovo pregio a' sentimenti d'amore e di fedeltà, di cui la nazione da tanti secoli porge a' suoi re così tenere prove.

Non devo porlo in dubbio: compiendo l'opera vostra, vi occuperete certamente con saviezza e candore di fortificare il potere esecutivo; condizione, senza la quale non potrebbe esistere alcun ordine durevole di dentro, nè alcuna considerazione di fuori. Niuna diffidenza può ragionevolmente restarvi: ond'è vostro dovere come cittadini e come fedeli rappresentanti della nazione, d'assicurare al ben dello stato e alla libertà pubblica quella stabilità., che non può derivare che da un'autorità efficace e tutelare. Voi avrete di certo presente alla mente, che senza una tale autorità tutte le parti del vostro sistema di costituzione resterebbero parimente senza legame e senza corrispondenza; ed occupandovi della libertà, che voi amate e che amo io pure, non perderete di vista che, nell'amministrazione, il disordine conducendo la confusione de' poteri, degenera sovente con cieche violenze nella più perigliosa e nella più terribile delle tirannidi.

Quindi, non per me, o signori, che non valuto quanto mi è personale, in paragone di leggi e d'istituzioni che devono regolare, il destino dell'impero; ma per lo bene medesimo della nostra patria, per la sua prosperità, per la possanza, v'invito a spogliarvi di tutte l'impressioni del momento che potessero svolgervi dal considerare nel suo complesso quello che esige un reame come la Francia, e per la sua vasta estensione, e per la sua immensa popolazione, e per le sue relazioni inevitabili al di fuori.

Voi non trascurerete pure di fissare la vostra attenzione su quello che esigono ancora da' legislatori i costumi, il carattere e le abitudini d'una nazione, divenuta tanto celebre in Europa per la natura del suo spirito e del suo genio, da non dover sembrare indifferente il mantenere o l'alterare in lei i sentimenti di dolcezza, di confidenza, e di bontà, che le hanno meritato tanta fama.

Porgetele parimente l'esempio di quello spirito di giustizia che serve di guardia alla proprietà, a questo diritto rispettato da tutte le nazioni, che non è l'opera del caso, nè deriva da privilegi d'opinione, ma si collega strettamente alle più essenziali relazioni dell'ordine pubblico, e alle prime condizioni della sociale armonia.

Per quale fatalità, allorquando la calma cominciava a rinascere, delle nuove inquietudini si sono sparse nelle provincie! Per quale fatalità vi si corre a nuovi eccessi! Unitevi a me per frenarli, e impediamo con tutti i nostri sforzi, che criminose violenze non vengano a contaminare questi giorni, in cui si prepara il bene della nazione. Voi che potete in tanti modi operare sulla fiducia pubblica, *illuminate su i suoi veri interessi il popolo che vien traviato, questo buon popolo che m'è sì caro, e dal quale m'assicurano d'essere amato quando vogliono consolarmi delle mie pene.* Ah! s'ei sapesse a qual punto mi sento infelice alla nuova d'un'offesa fatta alle fortune, o d'un atto di violenza alle persone, forse mi risparmierebbe questa dolorosa amarezza!

Non posso favellarvi de' gravi interessi dello stato, senza sollecitare d'occuparvi in una maniera celere e definitiva di tutto ciò che appartiene al ristabilimento dell'ordine nelle cose economiche, e alla tranquillità dell'innumerevole moltitudine di cittadini che sono in qualche guisa vincolati alla pubblica fortuna.

È tempo di calmare tutte le inquietudini; è tempo di rendere al regno la reputazione del credito, che ha diritto di possedere. Voi non potete tutto compiere in una volta: onde v'invito a riserbare ad altri tempi parte de' beni, di cui la riunione de vostri lumi vi presenta l'immagine; ma quando avrete aggiunto a quello che avete già fatto un sistema saggio e ragionevole per l'amministrazione della giustizia; quando avrete assicurato le basi del perfetto equilibrio delle rendite e delle spese dello stato; finalmente, quando avrete compiuto l'opera della costituzione; voi avrete acquistato grandi diritti alla pubblica riconoscenza; e colla successiva continuazione dell'assemblee nazionali, continuazione d'ora innanzi fondata sulla costituzione stessa, non mancherà più che aggiungere d'anno in anno nuovi mezzi di prosperità. Possa questa giornata, in cui il vostro monarca viene a congiungersi a voi in una maniera la più franca e la più intima, essere un'epoca memorabile nella storia di questo imperio! Il sarà, lo spero, se i miei voti ardenti, se le mie sollecite esortazioni potranno esser segno di pace e di ravvicinamento tra voi. *Coloro, che ancora s'allontanerebbero dallo spirito di concordia divenuto sì necessario, mi facciano il sacrificio di tutte le rimembranze che gli addolorano; saprò ricompensarli colla mia gratitudine e coll'affetto.*

Professiamo tutti, a partire da questo giorno, professiamo, io ve ne porgo l'esempio, una sola opinione, un solo interesse, una sola volontà, l'affezione alla nuova costituzione, e l'ardente desiderio della pace, della felicità, della prosperità della Francia!

NOTA 16, PAGINA 148.

Non posso far meglio che citare le Memorie dello stesso Froment, per dare una giusta idea dell'emigrazione, e delle opinioni che la dividevano. In un volume intitolato: *Raccolta di diversi scritti intorno alla rivoluzione,* Froment s'esprime come appresso, pagina 4 e seguenti:

Andai segretamente a Torino (gennajo 1790) appresso de' principi francesi, per sollecitare da loro approvazione e sostegno. In un consiglio che fu tenuto al mio arrivo, io gli dimostrai, *che se volevano armare i partigiani dell'altare e del soglio, e mandare del pari gl'interessi della religione con quelli della monarchia, sarebbe facile salvare l'una e l'altra.* Quantunque fortemente attaccato alla fede de' miei padri, io non voleva far la guerra a' non cattolici, ma ai nemici dichiarati del cattolicismo e della monarchia, a coloro che dicevano altamente, che era troppo che si parlava di Gesù Cristo, e de' Borboni, a coloro che pretendevano di strangolare l'ultimo re colle budella dell'ultimo prete. I non cattolici *rimasti fedeli* alla monarchia, han sempre trovato in me il cittadino più tenero; i cattolici *ribelli,* il più implacabil nemico.

Il mio disegno era unicamente di rannodare un partito, e di dargli per quanto fosse in me, dell'estensione e della consistenza. Il vero argomento de' rivoluzionari essendo la forza, sentiva che la vera risposta era la forza; *allora, come al presente* io era convinto di questa gran verità, *che non si può soffogare una forte passione, che con una passione sempre più forte, e che il solo zelo religioso poteva soffogare il delirio repubblicano.* I miracoli, che lo zelo di religione ha operato appresso nella Vandea e nella Spagna, provano che i filosofanti e i rivoluzionari di tutti i partiti non sarebber mai venuti a capo di stabilire per alcuni anni il loro sistema anti-religioso e anti-sociale sulla maggior parte dell'Europa, se i ministri di Luigi XVI avessero concepito un disegno come il mio, o se i consiglieri de' principi emigrati l'avessero sinceramente abbracciato, e veracemente sostenuto.

Ma sventuratamente la maggior parte de' personaggi che dirigevano Luigi XVI e i principi delia sua casa, non ragionavano e non agivano che secondo i principii filosofici, quantunque i filosofi e i loro discepoli dessero causa agli agenti della rivoluzione. Sarebbe parso loro di coprirsi di ridicolo e di disonore, se avesser pronunziato neppure il motto di *religione*, se si fosser prevalsi de' mezzi potenti che ella offre, di cui i più grandi politici si son serviti in tutti i tempi con profitto. Nel tempo, che l'assemblea nazionale cercava di traviare il popolo, e d'affezionarselo coll'abolizione de' diritti feudali, delle decime, delle gabelle del sale etc, etc, essi volevano ricondurlo alla sommissione e all'obbedienza coll'esporre l'incoerenza delle nuove leggi, coll'imagine delle sventure del re, con scritti superiori alla sua intelligenza. Con questi modi credevano di far rinascere nel cuore di tutti i francesi un amore puro e disinteressato del loro sovrano; credevano che i clamori de' mal contenti arrestassero le intraprese de' faziosi, e permettessero al re *d'andar diritto allo scopo che voleva raggiungere.* Il valore de' miei consigli fu stimato probabilmente sul paragone della mia condizione, e l'opinione de' grandi di corte su i loro titoli e sulle loro fortune.

Froment seguita il suo racconto, e distingue altrove le parti che dividevan la corte fuggitiva nella maniera seguente; pagina 33:

Questi titoli onorevoli, e i riguardi che generalmente usavansi a me a Torino, m'avrebber fatto obliare il passato, e concepire le più consolanti speranze per l'avvenire, se avessi scorto grandi mezzi nei consiglieri de' principi, e perfetto accordo tra gli uomini più potenti su i nostri affari; ma con dolore vedeva *l'emigrazione divisa in due parti*, una delle quali non voleva tentare la contro rivoluzione che *col soccorso delle potenze straniere*, e l'altra co' *regj dell'interno*.

*La prima parte* pretendeva, che cedendo alcune provincie alle potenze, esse fornirebbero a' principi francesi eserciti assai numerosi per ridurre i faziosi; che col tempo si riconquisterebbero facilmente le concessioni che si sarebbe forzati di fare; e che la corte non contraendo obbligazioni *verso nessun corpo dello stato*, potrebbe dettar leggi a tutti i Francesi... I cortigiani tremavano, che la nobiltà di provincia e i regi del terzo stato, dovessero aver l'onore di rimettere in seggio la monarchia cadente. Sentivano che non sarebbero stati più i largitori delle grazie e dei favori, e che il loro dominio finirebbe, quando la nobiltà di provincia avesse ristabilito, a prezzo di sangue, la regia autorità, e perciò meritato i benefizii e la fiducia del suo sovrano. Il timore di questo nuovo ordin di cose gl'induceva ad unirsi, se non per distogliere i principi dal valersi in nessuna guisa de' regi dell'interno, almeno a fargli fermare la loro principale attenzione sulle corti d'Europa, e a volgerli a fondare le maggiori speranze su i soccorsi stranieri. Per cagione di questo timore ponevano in opra *segretamente* tutti i mezzi i più efficaci per ruinare i soccorsi interni, e far fallire i progetti proposti, molti de' quali potevan condurre il ristabilimento dell'ordine se fossero stati saggiamente diretti e veracemente sostenuti. Questo è quello di che sono stato testimone: questo è quello che dimostrerò un giorno coi fatti e colle testimonianze autentiche; ma il momento non è ancora venuto. In una conferenza che seguì intorno a quest'epoca a proposito del partito che poteva trarsi dalle disposizioni favorevoli de' Lionesi, e de' Franchi-Contesi, espressi senza velo i modi che si dovevano usare, *nel medesimo tempo*, per assicurare il trionfo de' regj del Gévaudan, delle Cévennes, del Vivarese, della Contea Venesina, della Linguadoca, e della Provenza. Nel calore della disputa, il marchese d'Autichamp, maresciallo di campo, *gran partigiano delle potenze*, mi disse: – Ma gli oppressi, e i parenti delle vittime non cercheranno di vendicarsi?... – E che importa? gli risposi, purchè noi arriviamo al nostro fine! – Vedete, gridò allora, se io gli ho fatto confessare, che si farebbero delle vendette private! – Più che maravigliato di questa osservazione, io dissi al marchese de La Rouzière, vicino a me: – Non credevo che una guerra civile dovesse rassomigliare a una missione di cappuccini! Così i cortigiani, ispirando ai principi il timore di rendersi odiosi a' loro più crudi nemici, gl'inducevano a non usare che mezzi provvedimenti, sufficienti senza dubbio ad accendere lo zelo de' regj dell'interno, ma insufficientissimi per assicurarli, dopo averli compromessi, dal furore de' faziosi. Dipoi ho inteso, che al tempo del soggiorno dell'esercito de' principi nella Sciampagna, de La Porte ajutante di campo del marchese d'Autichamp, avendo fatto prigione un repubblicano, credè secondo il sistema del suo duce, di ricondurlo al dovere con un'esortazione patetica e rendendogli armi e libertà; ma appena il repubblicano ebbe fatto alcuni passi, stese a terra il suo vincitore. Il marchese d'Autichamp allora obliando la moderazione che aveva mostrata a Torino, arse molti villaggi per vendicare la morte del suo missionario imprudente.

*La seconda parte* sosteneva che, poichè le potenze avevan preso molte volte le armi per umiliare i Borboni, e specialmente per impedire Luigi XIV d'assicurare la corona di Spagna al suo nipote, lungi dal chiamarli in ajuto, bisognava in vece rinfiammare lo zelo del chericato, l'affetto della nobiltà, l'amore del popolo verso il suo re, *e affrettarsi di spegnere una querela di famiglia*, perchè gli stranieri non fossero tentati di profittarne... A questa funesta divisione de' capi dell'emigrazione, e all'imperizia o alla perfidia de' ministri di Luigi XVI, dovettero i rivoluzionari i loro primi successi. Io vado più lungi, e sostengo che non è l'assemblea nazionale quella che ha fatto la rivoluzione, ma bensì il corteggio del re e de' principi; sostengo, che i ministri hanno sacrificato Luigi XVI ai nemici della monarchia, come certi facitori hanno sacrificato i principi e Luigi XVIII a' nemici della Francia; sostengo, che la maggior parte dei cortigiani che circondavano i re Luigi XVI, Luigi XVIII, e i principi della loro casa, erano e sono *ciarlatani e veri eunuchi politici*; che alla loro inerzia, alla loro viltà, o al loro tradimento, devonsi imputare tutti i mali che la Francia ha sofferto, e quelli che ancora minacciano il mondo intero. Se io portassi un gran nome, e fossi stato del consiglio de' Borboni, non potrei sopravvivere all'idea, che una torma di codardi e di vili briganti, niuno de' quali ha mostrato in nissun genere nè ingegno nè merito elevato, sia giunta ad abbattere il trono, a stabilire il suo dominio negli stati più potenti d'Europa, a far tremare l'universo; e quando quest'idea m'assale, mi sepolgo nell'oscurità della mia condizione per mettermi al coperto dal biasimo, come ella m'ha messo nell'impotenza d'arrestare i progressi della rivoluzione.

www.ingramcontent.com/pod-product-compliance
Lightning Source LLC
LaVergne TN
LVHW011226080426
835509LV00005B/349